c) Ableitung von Adverbien

-шн-	вне	außerhalb	внешний
			внешн

d) Ableitung von Verben

-тельн-	значить	bedeuten	значите

Verbalpräfixe

Die meisten dieser Präfixe haben mehrere Grundbedeutungen. Die Bedeutung der Präfixe bleibt im allgemeinen bei den Substantiven erhalten, die von präfigierten Verben abgeleitet sind (z. B. переработать *сов.* verarbeiten – переработка Verarbeitung).

Präfix	*Grundbedeutung*	*Beispiele*	
в-	ein-, hinein-, herein-	вступить *сов.*	eintreten
вы-	aus-, hinaus-, heraus-	выразить *сов.*	ausdrücken
		выработать *сов.*	ausarbeiten
до-	bis hin zu, noch dazu	дописать *сов.*	zu Ende schreiben
		доплатить *сов.*	zuzahlen
из- (ис-)	aus-, heraus-, ver-	использовать *сов.*	ausnutzen
		изменить *сов.*	verändern
пере-	über-, hinüber-, um-	перевести *сов.*	übersetzen
		переработать *сов.*	um-, verarbeiten
пред-	vor-, voraus-, vorher-	предусмотреть *сов.*	vorsehen
при-	herbei-, an-	приехать *сов.*	ankommen
		приступить *сов.*	herantreten
		применить *сов.*	anwenden
про-	durch-, ver-, vorbei-	провести *сов.*	durchführen
		продать *сов.*	verkaufen
		проехать *сов.*	vorbeifahren
раз-(рас-)	auseinander-, zer-, ent-, ver-	разобрать *сов.*	auseinandernehmen, zerlegen
		развить *сов.*	entwickeln
		распределить *сов.*	verteilen
у-	weg-, fort-, be-, ver-	уехать *сов.*	wegfahren
		ускорить *сов.*	beschleunigen
		углубить *сов.*	vertiefen

Abkürzungswörter

Abkürzungswörter sind Wortverbindungen aus Einzelbuchstaben oder Bruchteilen anderer Wörter. Im wesentlichen werden folgende Bildungstypen unterschieden:

1. *der Silbentyp (aus Anfangssilben oder Teilen der Grundwörter):*
   исполком (*исполнительный комитет*)
   комсомол (*Коммунистический Союз Молодёжи*)
   Die neuen Wörter werden wie normale Substantive dekliniert. Bei diesem Bildungstyp kann der zweite Wortteil auch aus Einzelbuchstaben oder einem Wort bestehen.
   Днепрогэс (*Днепровская гидроэлектрическая станция*)
   зарплата (*заработная плата*)

2. *der Buchstabentyp (aus den Anfangsbuchstaben der Grundwörter):*
   СЭВ (*Совет Экономической Взаимопомощи*)
   МИБ (*Международный инвестиционный банк*)

   Diese Abkürzungswörter werden gewöhnlich nicht dekliniert, doch ist der Sprachgebrauch hier nicht einheitlich.

Russisch für Ökonomen

Autorenkollektiv
der Hochschule für Ökonomie „Bruno Leuschner", Berlin
Leitung: Edeltraud Kupfer

Russisch
für Ökonomen

Lehrbuch für die Sprachkundigenausbildung
Stufe II B

6., unveränderte Auflage

Verlag Die Wirtschaft Berlin

Zu diesem Lehrbuch werden vom Institut für Film, Bild und Ton,
1080 Berlin, Krausenstraße 9/10,
Tonbänder (Bestell-Nr. MBH 456; MBH 1289–1290
für die neubearbeiteten Komplexe 4 und 5) und Folien
(mit lexiko-grammatischen Übungen zu den Komplexen 4 und 5,
Bestell-Nr. HFR 576–577)
nebst Lehrerbeiheften herausgegeben und vertrieben.

Autoren:

Charlotte Brandt, Lehrer im Hochschuldienst
Dr. phil. Gerhard Dick, Lektor
Erna Klötzler, Lehrer im Hochschuldienst
Edeltraud Kupfer, Lektor

Verantwortlich für die 6. Auflage
Edeltraud Kupfer, Dr. phil. Gerhard Dick

Lektor:

Dr. oec. Fredo Müller

Als Lehrbuch für die Ausbildung an Universitäten
und Hochschulen der DDR anerkannt.

Minister für Hoch- und Fachschulwesen

Berlin, August 1983

Russisch für Ökonomen: Lehrbuch für d. Sprach-
kundigenausbildung Stufe II b/
Autorenkoll. d.
Hochsch. für Ökonomie „Bruno Leuschner", Berlin,
Leitung Edeltraud Kupfer. – 6., unveränd. Aufl. –
Berlin: Verl. Die Wirtschaft, 1989. –
176 S.
NE: Mitarb.

ISBN 3-349-00551-9

© Verlag Die Wirtschaft, Berlin 1989
Am Friedrichshain 22, Berlin, 1055
Lizenz-Nr. 122; Druckgenehmigungs-Nr. 195/501/89
LSV 0304
Einbandgestaltung: Annegret Wagner
Printed in the German Democratic Republic
Gesamtherstellung: INTERDRUCK Graphischer Großbetrieb Leipzig,
Betrieb der ausgezeichneten Qualitätsarbeit, III/18/97
Bestell-Nr. 676 373 2

00980

Inhaltsverzeichnis

Vorwort

Das nunmehr in der 3. Auflage vorliegende Lehrbuch ist zur Vorbereitung auf den fachsprachlichen Teil der Sprachkundigenprüfung Stufe II b bestimmt. Es weist gegenüber der 1. Auflage zahlreiche Verbesserungen und Ergänzungen auf und berücksichtigt die 1981 erschienene Neufassung des Lehrprogramms für die SKA II b.

Für diese Ausbildungsstufe stehen wie bisher 60 Unterrichtsstunden zur Verfügung. Weitere 30 Stunden, die der allgemeinsprachlichen Thematik vorbehalten sind, bleiben in diesem Lehrbuch unberücksichtigt. Das gleiche gilt für die 30 Stunden des Anwendungsabschnitts in Form von selbständiger Arbeit (Hauslektüre mit Konsultationen). Das Lehrbuch will jedoch die Studierenden soweit vorbereiten, daß sie den Anwendungsabschnitt ohne Schwierigkeiten bewältigen können.

Auf die einzelnen Komponenten der Prüfung (Lesen, Übersetzen aus der Fremdsprache, Hören, Sprechen und Schreiben) orientieren die verschiedenen Übungen, mit denen die erforderlichen Fähigkeiten und Fertigkeiten vermittelt und gefestigt werden sollen.

Vorausgesetzt werden die Kenntnisse in Lexik und Grammatik, die die Erweiterte Oberschule bis zum Abitur vermittelt. Die Konzeption des Buches geht davon aus, daß die Studenten Lexik und Grammatik selbständig erarbeiten, um dann im Unterricht unter Leitung des Lehrers ihre Kenntnisse zu festigen und an Hand zusammenhängender Texte anzuwenden. Auf die Beigabe eines Schlüssels wurde aus methodischen Gründen verzichtet. Von dieser Einschränkung abgesehen, ist das Lehrbuch jedoch auch weitgehend zum Selbststudium geeignet.

Die sechs Komplexe des Buches bilden einen in sich geschlossenen Lehrgang, in dem die Grundlagen der ökonomischen Fachsprache des Russischen vermittelt werden. Jeder Programmkomplex stellt dabei eine thematische Einheit dar; er ist in drei einheitlich aufgebaute Abschnitte gegliedert. Im ersten Teilabschnitt wird jeweils das lexikalische Material erarbeitet, der zweite Teilabschnitt bringt Übungen zur Grammatik, der dritte Teilabschnitt stellt den eigentlichen Textteil dar. Durch diesen Aufbau wird der Studierende erst mit dem neuen Fachtext konfrontiert, wenn er die lexikalischen und grammatischen Voraussetzungen besitzt, ihn ohne Schwierigkeit zu erfassen.

Der lexikalische Teil ist wiederum unterteilt in

a) den Wiederholungswortschatz, das heißt lexikalische Einheiten, die bereits im lexikalischen Minimum der Erweiterten Oberschule enthalten sind, deren Beherrschung aber trotzdem nicht ohne weiteres vorausgesetzt werden kann,
b) die neu zu lernenden lexikalischen Einheiten,
c) die Ableitungswörter – Vokabeln, deren Stamm oder Wurzel dem Studenten bereits in anderer Zusammensetzung bekannt ist und deren Bedeutung daher aus den Wortbildungssuffixen leicht erschlossen werden kann, und
d) die sogenannten Internationalismen – Fremd- und Lehnwörter, die, meist aus dem Griechischen oder Lateinischen stammen, im Deutschen und Russischen gleich oder ähnlich und daher dem Lernenden sofort verständlich sind.

Die Einführung der neuen Lexik erfolgt im Satzzusammenhang. In den Wortlisten, die die lexikalischen Einheiten in der Grundform aufführen (wobei unter Berücksichtigung des Systemaspekts auch Ergänzungen in bezug auf Wortfamilien, Synonyme, Antonyme usw. vorgenommen wurden), sind Hinweise zur Rektion gegeben, Betonungszeichen gesetzt und unregelmäßige Flexionsformen aufgeführt. Bei den Verben ist der vollendete Aspekt mit *сов.* (= совершенный вид) bezeichnet; Verben ohne diesen Vermerk sind unvollendet.

Der grammatische Teil beschränkt sich notwendigerweise auf stichwortartig wiederholende Thesen und Übungen zu ausgewählten Schwerpunkten der russischen Grammatik. Hier wurden in erster Linie Themen berücksichtigt, die für die Fachsprache von Bedeutung sind (Partizip, Adverbialpartizip, Verbalaspekt, Steigerung der Adjektive und Adverbien u. a.). Dabei sind die grammatischen Regeln nicht ausführlich erläutert, sondern nur in stark vereinfachter Form aufgeführt; der Veranschaulichung dienen die zu einigen Kategorien beigegebenen Übersichtstabellen. Wer sich genauer informieren möchte, wird auf die entsprechenden Abschnitte der Grammatik verwiesen, die, wo noch nicht vorhanden, unbedingt zur Anschaffung empfohlen wird (Leitfaden der russischen Grammatik, Autorenkollektiv, Verlag Enzyklopädie, 14. Auflage, Leipzig 1982, bzw. Kurze russische Sprachlehre, neu bearbeitete Ausgabe, Kirschbaum/Kretschmar, Volk und Wissen Volkseigener Verlag, 5. Auflage, Berlin 1983). Die mit dem Zeichen ■ ■ versehenen Übungen sind als Kontrollübungen gedacht, bei deren Lösung überprüft werden soll, ob und inwieweit der grammatische Stoff beherrscht wird. Bei den zu einzelnen grammatischen Übungssätzen gegebenen Übersetzungen ist zu berücksichtigen, daß sich die Übersetzung hier aus methodischen Gründen in der Regel eng an die sprachliche Struktur des Originals anlehnen mußte, um die grammatischen Bezüge deutlich zu machen, also keinen Anspruch auf stilistische Mustergültigkeit erhebt.

Nachdem die beiden Teilabschnitte Lexik und Grammatik erarbeitet sind, dürfte der im dritten Teilabschnitt folgende Haupttext keine Schwierigkeiten mehr bieten. Den Schluß jedes der sechs Komplexe bildet ein längerer Text aus demselben Themenkreis, der entsprechend der jeweiligen Aufgabenstellung entweder mit Hilfe des Wörterbuchs übersetzt oder ohne Wörterbuch verstehend gelesen werden soll, wobei unbekannte Vokabeln aus ihren Wortbildungselementen oder aus dem Kontext zu erschließen sind. Eine Übersicht über die wichtigsten produktiven Wortbildungssuffixe ist im Anhang gegeben, desgleichen ein russisches und ein deutsch-russisches Wörterverzeichnis.

Die Tonbandübungen des Lehrbuchs sind durch das Zeichen ● ● kenntlich gemacht. Folgende Texte wurden aufgesprochen:

1. die Einführungssätze zu den neu zu lernenden lexikalischen Einheiten. Diese Übungen sollten unbedingt entsprechend der Arbeitsanweisung im Tonkabinett abgearbeitet werden, um durch die Beteiligung mehrerer Informationskanäle (Hören, Lesen, Sprechen) einen optimalen Lernerfolg zu erreichen;

2. der Haupttext zu jedem Programmabschnitt. Diese Texte sollen abgehört werden, damit der Studierende mustergültige Aussprache, Intonation und Satzmelodie aufnimmt und zugleich die Möglichkeit hat, an schwierigen Stellen des Textes Betonungzeichen zu setzen;

3. die Übungen zum verstehenden Hören, die in der Mehrzahl der Lektionen im Anschluß an den Haupttext gegeben werden. Die Texte lehnen sich mehr oder weniger eng an die Thematik des betreffenden Abschnitts an, sind also nur als Ergänzung zu den Textübungen, nicht als systematischer Vorkurs zur Prüfung im verstehenden Hören gedacht. Durch die anschließende Lösung unterschiedlich angelegter Aufgaben (Nacherzählen, Beantworten von Fragen, Ergänzen von Sätzen usw.) soll nachgewiesen werden, daß der betreffende Hörtext inhaltlich erfaßt wurde;

4. zusätzliche Übungen zu den einzelnen grammatischen Schwerpunkten des Lehrbuchs. Sie sind für Studenten gedacht, die den betreffenden grammatischen Stoff noch nicht

sicher beherrschen. Diese Übungen sind mit dem Tonband abzuarbeiten, ohne daß die Notwendigkeit besteht, die Texte graphisch vor Augen zu haben. Der Lehrer wird dabei Hinweise geben, welche Übungen im Einzelfall abgearbeitet werden sollen.

Wertvolle Hinweise bei der Durchsicht des Manuskripts verdanken die Autoren den Gutachtern Dr. sc. O. Troebes, Halle, und Dr. M. Bevernis, Berlin. Dank gebührt auch Frau E. Langenbach, Berlin, für ihre beratende Mitarbeit bei der Gestaltung des russischen Textes sowie Prof. Dr. sc. E. Faude, Berlin, für seine wertvollen inhaltlichen Hinweise.

Bemerkungen und kritische Hinweise zur weiteren Verbesserung des Lehrbuchs werden von den Autoren und vom Verlag jederzeit gern entgegengenommen.

Berlin, Juni 1983

Gerhard Dick, Edeltraud Kupfer

1. Человек и производство

1.1. ABSCHNITT 1

1.1.1. Einführung

1.1.1.1. Wiederholen Sie die folgenden Wörter!

век	Jahrhundert, Zeitalter
вещь, -и	Sache, Ding, Gegenstand
вид тра́нспорта	Transportmittel, Verkehrsmittel
включи́ть *сов.*; -ключу́, -ключи́шь	einschließen
включа́ть	
возмо́жный	möglich
зави́сеть от	abhängen von
зави́сеть от тра́нспорта	vom Transport abhängen
измени́ть *сов.*; -меню́, ме́нишь	verändern
изменя́ть	
любо́й	beliebig
необходи́мый	notwendig
обще́ственный	gesellschaftlich
о́бщество	Gesellschaft
осно́ва	Grundlage
основно́й	grundlegend, Haupt-
относи́ться к; -ношу́сь, -но́сишься	sich beziehen auf, gehören zu
относи́ться к обору́дованию	zur Ausrüstung gehören
о́трасль, -и	Zweig
обору́дование (nur Sing.)	Ausrüstung(en), Ausstattung
прода́ть *сов.*; -да́м, -да́шь, -да́ст,	verkaufen
-дади́м, -дади́те, -даду́т	
продава́ть; -даю́, даёшь	
произвести́ *сов.*; -веду́, -ведёшь	produzieren, herstellen
производи́ть; -вожу́, -во́дишь	
просто́й	einfach
разви́тие	Entwicklung
разви́ть(ся) *сов.*; развива́ть(ся)	(sich) entwickeln
реши́ть *сов.*; реша́ть	entscheiden, beschließen; lösen
служи́ть (кому; чем); служу́, слу́жишь	dienen (jem.; als etw.)
служи́ть наро́ду	dem Volk dienen
служи́ть приме́ром	als Beispiel dienen
созда́ть *сов.*; -да́м, -да́шь, -да́ст,	schaffen
-дади́м, -дади́те, -даду́т	
создава́ть; -даю́, даёшь	

соста́вить *сов.*; -ста́влю, -ста́вишь составля́ть	bilden, aufstellen
сторона́, *Pl.* сто́роны, сторо́н	Seite
това́р	Ware
тот, та, ′то, те	jener, jene, jenes, jene
учи́ть; учу́, у́чишь	lehren
цель, -и	Ziel, Zweck
челове́к; *Pl.* лю́ди (люде́й, лю́дям, люде́й, людьми́, о лю́дях)	Mensch
яви́ться *сов.* (чем) явля́ться	(etw.) sein
явля́ться осно́вой	Grundlage sein

1.1.1.2. ● ● **Hören und lesen Sie den Satz! Sprechen Sie den Satz nach! Hören Sie den Satz noch einmal!**

1. Одежда и квартиры – это *материальные блага*.   — materielle Güter
2. Основа жизни общества – *постоянное* производство материальных благ.   — ständig
3. В процессе труда необходимы *предметы труда*.   — Arbeitsgegenstände
4. Машины и оборудование – это *средства труда*.   — Arbeitsmittel
5. *Орудия труда* – важные средства труда.   — Arbeitsinstrumente
6. Средства труда и предметы труда составляют *средства производства*.   — Produktionsmittel
7. Человек изменяет предметы природы для *удовлетворения потребностей*.   — Befriedigung der Bedürfnisse
8. Человек *воздействует* на природу с помощью средств труда.   — wirkt ein
9. *Деятельность* человека в процессе производства – это и есть общественный труд.   — Tätigkeit
10. *Полезный* труд человека создаёт материальные блага.   — nützlich
11. Чтобы жить, люди должны иметь *пищу* и другие материальные блага.   — Nahrung
12. С помощью средств труда возможно *воздействие* человека на природу.   — Einwirkung
13. Решающая роль в средствах труда *принадлежит* орудиям производства.   — gehört, kommt zu
14. В процессе производства человек *использует* орудия производства.   — gebraucht
15. *Топливо* необходимо для производства.   — Brennstoff(e)
16. Экономические эпохи *различаются* тем, как производят материальные блага.   — unterscheiden sich
17. *Рабочая сила* является решающим фактором производства.   — Arbeitskraft

1.1.1.3. Lesen Sie die neuen lexikalischen Einheiten in der Grundform!

бла́го — Wohl
  на бла́го наро́да — zum Wohle des Volkes
  материа́льные бла́га — materielle Güter
постоя́нный — ständig
предме́т труда́ — Arbeitsgegenstand
сре́дства труда́ (*Pl.*) — Arbeitsmittel
ору́дие труда́ — Arbeitsinstrument
сре́дства произво́дства (*Pl.*) — Produktionsmittel
потре́бность, -и — Bedürfnis; Bedarf
то́пливо (*nur Sing.*) — Brennstoff(e)
  потре́бность в то́пливе — Brennstoffbedarf
удовлетворе́ние потре́бностей — Befriedigung der Bedürfnisse
возде́йствовать на *сов. и несов.*; — einwirken auf
  -де́йствую, -де́йствуешь
  возде́йствовать на приро́ду — auf die Natur einwirken
возде́йствие — Einwirkung, Einfluß
оказа́ть *сов.*; -кажу́, -ка́жешь — erweisen, leisten
  ока́зывать
  ока́зывать возде́йствие — einwirken, Einfluß ausüben
поле́зный — nützlich
пи́ща — Nahrung
принадлежа́ть; -лежу́, -лежи́шь — gehören; *hier :* zukommen
испо́льзовать *сов. и несов.*; -по́льзую, — ausnutzen; *hier :* gebrauchen
  -по́льзуешь
различа́ться (чем) — sich unterscheiden (durch etw.)
  различа́ться у́ровнем разви́тия — sich durch das Entwicklungsniveau unterscheiden

рабо́чая си́ла — Arbeitskraft
де́ятельность, -и — Tätigkeit

1.1.1.4. Lesen und vergleichen Sie!

1. произво́дство — Produktion
   произво́дственный — Produktions-
   К сре́дствам труда́ отно́сятся — Zu den Arbeitsmitteln gehören
   произво́дственные зда́ния. — die Produktionsgebäude.
2. челове́к — Mensch
   челове́ческий — menschlich
   Челове́ческая жизнь невозмо́жна без труда́. — Das menschliche Leben ist ohne Arbeit unmöglich.

1.1.1.5. Lesen Sie die folgenden Internationalismen!

интере́с, в интере́сах (im Interesse), инструме́нт (Instrument, Werkzeug), кана́л, материа́л, материа́льный (materiell, Material-), проце́сс, социали́зм, при социали́зме (im Sozialismus), фа́ктор, формирова́ние (Formierung, Herausbildung, Gestaltung), экономи́ческий, эпо́ха

1.1.1.6. Übersetzen Sie!

1. Марксистско-ленинская экономическая теория учит, что производство всегда служит *удовлетворению потребностей* людей. 2. Нефть, уголь, газ – это важное *топливо* для производства. 3. Несколько веков назад люди использовали простые *орудия труда*. 4. Когда все *средства производства принадлежат* трудящимся, общественное производство может развиваться только в их интересах. 5. При социализме *удовлетворение потребностей* зависит от развития производства. 6. В социалистических странах *средства производства принадлежат* государству. 7. При социализме *средства производства* служат всему народу. 8. Наука *воздействует* на создание новых *орудий и предметов труда* и на формирование кадров. 9. При социализме *рабочая сила* не является товаром. 10. Человек производит и развивает *средства труда*. 11. Люди производят *материальные блага* для *удовлетворения потребностей*. 12. Политика *оказывает* активное *воздействие* на экономику. 13. В производстве *различаются* техническая и общественная стороны. 14. *Постоянное удовлетворение потребностей* членов общества – это цель производства при социализме. 15. Трудящиеся *используют* то, что они производят и создают. 16. Кто работает на благо народа, тот является *полезным* членом общества. 17. Для человеческой жизни нужна *пища*. 18. Чтобы построить коммунизм, необходима активная *деятельность* всего народа.

1.1.2. Grammatische Übungen

1.1.2.1. Partizipien

Partizipien sind Verbalformen, die die Merkmale eines Adjektivs haben. Im Russischen gibt es vier Partizipien. Über den Charakter der Partizipien und den Formenbestand im Vergleich zum Deutschen vgl. Leitfaden[1], §§ 99 bis 101 bzw. Sprachlehre[2], Ziff. 207–208.

Das Merkmal, an dem die einzelnen Partizipien zu erkennen sind, ist das Bildungssuffix. Es steht unmittelbar vor der Adjektivendung des Partizips:

Part. Präs. Aktiv: -щ-
Part. Präs. Passiv: -м-
Part. Prät. Aktiv: -вш-, -ш-
Part. Prät. Passiv: -нн-, -енн- (-ённ-), -т-.

Die Reflexivpartikel lautet bei Partizipien immer -ся, auch nach Vokalen:
являющиеся

---

[1] Leitfaden der russischen Grammatik, Autorenkollektiv, Verlag Enzyklopädie, 14. Auflage, Leipzig 1982, oder frühere Auflagen.
[2] Kurze russische Sprachlehre, neu bearbeitete Ausgabe, Kirschbaum/Kretschmar, Volk und Wissen Volkseigener Verlag, 5. Auflage, Berlin 1983, oder frühere Auflagen.

Alle vier Partizipien haben Langformen. Diese Langformen sind nur in der Schriftsprache gebräuchlich. Sie treten im Satz fast ausnahmslos als Attribute auf. Das Partizip Präteritum Passiv hat Lang- und Kurzformen. Die Kurzformen werden nur als Prädikat gebraucht.

1.1.2.2.   Das Partizip Präsens Aktiv (vgl. Sprachlehre, Ziff. 209)

Das Partizip Präsens Aktiv wird von der 3. Person Plural des Präsens unvollendeter Verben gebildet, indem man das -m der Endung durch -щий, -щая, -щее, -щие ersetzt.

решать – решают – решающий
говорить – говорят – говорящий
различаться – различаются – различающийся

Die Adjektivendungen aller Partizipien richten sich in Genus, Kasus und Numerus nach ihrem Beziehungswort.

изменяющийся фактор	der sich verändernde Faktor
изменяющаяся работа	die sich verändernde Arbeit
изменяющееся общество	die sich verändernde Gesellschaft
изменяющиеся люди	die sich verändernden Menschen

Zum Gebrauch der Partizipien

a) *Die Langformen sämtlicher Partizipien können als einfaches Partizipialattribut vor dem Beziehungswort stehen.*
   Человек является решающим фактором производства. (Der Mensch ist der entscheidende Faktor der Produktion.)
b) *Das einfache Partizipialattribut kann durch ein Objekt oder durch eine adverbiale Bestimmung erweitert werden. Wir sprechen dann von einem erweiterten Attribut (Partizipialkonstruktion).*
   решающий для девятой пятилетки год
   (das für den neunten Fünfjahrplan entscheidende Jahr)
c) *Nachgestellte Partizipialkonstruktionen bilden sogenannte isolierte Attribute, die durch Komma abgetrennt werden. Isolierte Attribute sind im wissenschaftlichen Stil häufig anzutreffen. Nachgestellte Partizipialkonstruktionen vertreten einen Relativsatz.*
   Это фактор, являющийся решающим для успеха в работе.
   (Это фактор, который является решающим для успеха в работе.)
   (Das ist ein Faktor, der für den Erfolg in der Arbeit entscheidend ist.)

1.1.2.3.   Lesen Sie die folgenden Sätze! Achten Sie dabei auf das Partizip Präsens Aktiv (einschließlich Beziehungswort) und seine Übersetzung!

1. Люди постоянно производят материальные блага, являющиеся основой жизни. (Die Menschen produzieren ständig materielle Güter, die die Grundlage des Lebens bilden [sind].)

2. Это процесс, включающий труд человека, средства труда и предметы труда. (Das ist ein Prozeß, der die Arbeit des Menschen, die Arbeitsmittel und die Arbeitsgegenstände umfaßt.)
3. Использующий средства труда человек является важным фактором производства. (Der die Arbeitsmittel nutzende Mensch ist ein wichtiger Faktor der Produktion.)
4. Человек, воздействующий на предметы труда, работает на благо общества. (Der Mensch, der auf die Arbeitsgegenstände einwirkt, arbeitet zum Wohle der Gesellschaft.)
5. Из всех средств труда решающая роль принадлежит орудиям производства. (Von allen Arbeitsmitteln kommt die entscheidende Rolle den Produktionsinstrumenten zu.)
6. Результат производства – это фактор, зависящий от деятельности человека. (Das Produktionsergebnis ist ein Faktor, der von der Tätigkeit des Menschen abhängt.)

1.1.2.4. Unterstreichen Sie in den folgenden Sätzen das Partizip Präsens Aktiv und bestimmen Sie jeweils Kasus, Numerus und Genus! Übersetzen Sie die Sätze!

1. Работающий человек производит материальные блага для общества. 2. Изменяющий природу человек является основной производительной силой общества. 3. Это факторы, различающиеся друг от друга. 4. Рабочая сила является решающим фактором всякого производства. 5. Они говорили о факторах, воздействующих на производство.

1.1.2.5. Formen Sie in den folgenden Sätzen die Partizipialkonstruktion in einen Relativsatz um!

Muster: Человек использует инструменты, *воздействующие* на предметы труда.
Человек использует инструменты, *которые воздействуют* на предметы труда.

1. Труд – это деятельность человека, изменяющая предметы природы. 2. Средства труда и предметы труда являются вещами, составляющими средства производства. 3. Он работает на заводе, производящем машины. 4. Машины, оборудование, инструменты – это вещи, относящиеся к орудиям труда. 5. Среди факторов, являющихся решающими для успеха производства, важную роль играет рабочая сила. 6. Прогресс общества – это фактор, зависящий от воздействия человека на природу.

1.1.2.6. ■ ■ Übersetzen Sie die folgenden Sätze!

1. Из всех средств труда решающая роль принадлежит орудиям производства. 2. Здесь построили фабрику, производящую новое оборудование. 3. Рабочие говорили о вещах, относящихся к средствам производства. 4. Человек, создающий материальные блага, изменяет предметы природы. 5. Это зависит от факторов, являющихся очень важными для производства. 6. Важную роль в процессе производства играет человек, воздействующий на предметы труда.

1.1.3. **Textteil**

1.1.3.1. ● ● Hören und lesen Sie den Text! Übersetzen Sie!

Человек и производство

Чтобы жить, люди должны иметь пищу, одежду, обувь, квартиры, топливо и другие материальные блага. А чтобы иметь эти материальные блага, люди должны производить их, должны работать. Поэтому постоянное производство материальных благ основа жизни любого общества.

Процесс производства материальных благ включает труд человека, средства труда и предметы труда.

Труд полезная деятельность человека. В процессе этой деятельности он изменяет предметы природы для удовлетворения своих потребностей. Без труда человеческая жизнь невозможна.

Средствами труда называются все те вещи, которые люди используют для воздействия на предметы труда. К средствам труда относятся машины и оборудование, инструменты, производственные здания, все виды транспорта, каналы, земля. Из всех средств труда решающая роль принадлежит орудиям производства. От того, какие орудия использует человек, зависит сила его воздействия на природу. К. Маркс говорит, что экономические эпохи различаются не тем, что́ производят, а тем, какими орудиями производятся материальные блага. Средства труда и предметы труда составляют средства производства. Но средства производства не могут производить никаких материальных благ. Поэтому решающим фактором любого производства является человек, его рабочая сила.

1.1.3.2. ● ● Hören Sie den Text!

1.1.3.3. Vervollständigen Sie die folgenden Sätze!

1. Чтобы жить, люди должны иметь ... 2. Чтобы иметь материальные блага, люди должны ... 3. Процесс производства материальных благ

включает ... 4. В процессе труда человек изменяет ... 5. Люди воздействуют на предметы труда с помощью ... 6. К средствам труда относятся ... 7. Средства труда и предметы труда составляют ... 8 Человек является решающим фактором всякого производства, потому что ...

1.1.3.4. Beantworten Sie die folgenden Fragen russisch!

1. Что должны иметь люди для того, чтобы жить? 2. Что является основой развития любого общества? 3. Что такое труд? 4. Что такое производство материальных благ? 5. Что относится к средствам труда? 6. От чего зависит сила воздействия человека на природу? 7. Чем различаются экономические эпохи? 8. Почему решающим фактором всякого производства является человек?

1.2. ABSCHNITT 2

1.2.1. Einführung

1.2.1.1. Wiederholen Sie die folgenden Wörter!

весь, вся, всё	ganz
весь наро́д	das ganze Volk
все	alle
все наро́ды	alle Völker
возни́кнуть *сов.*; *Prät.* возни́к, -ла, -ло, -ли	entstehen
возника́ть	
вступи́ть *сов.*; -ступлю́, -сту́пишь	eintreten
вступа́ть	
друг от дру́га	voneinander
друг с дру́гом	miteinander
о́ба (*masc./neutr.*)	beide
о́ба партнёра	beide Partner
о́бе (*fem.*)	beide
о́бе стра́ны	beide Länder
обме́н	Austausch, Zirkulation
о́пыт (*nur Sing.*)	Erfahrung(en)
обме́н о́пытом	Erfahrungsaustausch
основно́й	Grund-, Haupt-
связа́ть *сов.*; свяжу́, свя́жешь; *Part.*	verbinden
Prät. Pass. свя́занный	
они свя́заны (*Kurzform*)	sie sind verbunden
свя́зывать	
связь, -и	Verbindung
в связи́ с	in Verbindung mit
в связи́ с э́тим	in Verbindung damit
сотру́дничество	Zusammenarbeit

16

тéсный	eng
чей, чья, чьё, чьи	wessen
член	Glied, Mitglied

1.2.1.2.　● ● Hören und lesen Sie den Satz! Sprechen Sie den Satz nach! Hören Sie den Satz noch einmal!

1. Отношения людей в производстве называются *производственными отношениями*.	*Produktions- verhältnisse*
2. Производственные отношения и *производительные силы* – две стороны производства.	*Produktivkräfte*
3. На каждой *ступени* развития есть свои производительные силы и производственные отношения.	*Stufe*
4. Люди работают вместе, *следовательно*, они зависят друг от друга.	*folglich*
5. В производстве люди *связаны* друг с другом *определёнными* отношениями.	*sind verbunden bestimmte*
6. Отношения людей зависят от того, в чьей *собственности* находятся средства производства.	*Eigentum*
7. При капитализме средства производства находятся в *частной собственности*.	*Privateigentum*
8. Рабочие, которые не имеют средств производства, *вынуждены* работать на капиталистов.	*sind gezwungen*
9. Отношения людей при капитализме – это отношения *эксплуатации*.	*Ausbeutung*
10. На каждой ступени развития *устанавливаются* определённые производственные отношения.	*bilden sich heraus*
11. Капитализм означает *господство* капиталистов.	*Herrschaft*
12. Социалистические отношения – это отношения сотрудничества и *взаимопомощи*.	*gegenseitige Hilfe*
13. При социализме возможно новое *распределение* материальных благ.	*Verteilung*
14. Производственные отношения при капитализме – это отношения *подчинения*.	*Unterordnung*

1.2.1.3.　Lesen Sie die neuen lexikalischen Einheiten in der Grundform!

отношéние	Beziehung, Verhältnis
произвóдственные отношéния	Produktionsverhältnisse
производи́тельная си́ла	Produktivkraft
ступéнь, -и	Stufe
слéдовательно	folglich
определи́ть *сов.*; -делю́, -дели́шь определя́ть	bestimmen, festlegen

определённый	bestimmt
со́бственность, -и	Eigentum
со́бственность на сре́дства произво́дства	Eigentum an (den) Produktionsmitteln
ча́стный	privat
ча́стная со́бственность	Privateigentum
вы́нудить *сов.*; -нужу, -нудишь	zwingen, nötigen
Part. Prät. Pass. вы́нужденный	
они вы́нуждены (*Kurzform*)	sie sind gezwungen
вынужда́ть	
эксплуата́ция	Ausbeutung
эксплуата́ция челове́ка челове́ком	Ausbeutung des Menschen durch den Menschen
установи́ться *сов.*; -но́вится	sich herausbilden
устана́вливаться	
госпо́дство	Herrschaft
подчине́ние	Unterordnung
распределе́ние	Verteilung
взаимопо́мощь, -и	gegenseitige Hilfe

1.2.1.4. Lesen und vergleichen Sie!

това́рищ	Genosse, Kamerad
това́рищеский	kameradschaftlich
Отношения товарищеской взаимопомощи – это новый тип отношений между людьми при социализме.	Beziehungen kameradschaftlicher gegenseitiger Hilfe sind der neue Typ der Beziehungen zwischen den Menschen im Sozialismus.

1.2.1.5. Lesen Sie die folgenden Internationalismen!

капитали́зм, при капитали́зме (im Kapitalismus), капитали́ст, рабо́тать на капитали́стов (für die Kapitalisten arbeiten), коммуни́зм, при коммуни́зме (im Kommunismus), при́нцип, эта́п

1.2.1.6. Übersetzen Sie!

1. *Производственные отношения* и *производительные силы* тесно связаны друг с другом. 2. На первой *ступени* развития общества не было *частной собственности* на средства производства. 3. *При капитализме* рабочие не имеют средств производства. *Следовательно*, они должны работать на капиталистов. 4. При социализме *производственные отношения* между трудящимися строятся на принципах *взаимопомощи*. 5. В процессе производства, обмена и *распределения* материальных благ люди вступают в *определённые* общественные отношения. 6. Для того чтобы жить, рабочие *вынуждены* работать на

18

капиталистов. Так возникают отношения капиталистической эксплуатации.   7. Во все периоды до социализма *устанавливались* отношения *господства* и *подчинения*.

1.2.2.   Grammatische Übungen

1.2.2.1.   Das Genitivattribut которого, которой, которых

Dem deutschen „dessen, deren" entsprechen im Russischen die Genitive

которого – *wenn das Beziehungswort männlichen oder sächlichen Geschlechts ist,*

которой – *wenn das Beziehungswort weiblichen Geschlechts ist,*

которых – *wenn das Beziehungswort im Plural steht.*

Beachten Sie dabei die vom Deutschen abweichende Wortfolge!

Производство, стороны которого … (Die Produktion, *deren Seiten* …)

Деятельность человека, в процессе которой … (Die Tätigkeit des Menschen, in *deren Verlauf* …)

Средства труда, с помощью которых … (Die Arbeitsmittel, mit *deren Hilfe* …)

1.2.2.2.   Lesen Sie die folgenden Sätze! Achten Sie dabei auf das nachgestellte Genitivattribut которого, которой, которых!

1. К производительным силам относятся также средства и предметы труда, с помощью которых трудящиеся работают. (Zu den Produktivkräften gehören auch die Arbeitsmittel und -gegenstände, mit deren Hilfe die Werktätigen arbeiten.)
2. Трудящиеся борются против эксплуатации, основа которой частная собственность на средства производства. (Die Werktätigen kämpfen gegen die Ausbeutung, deren Grundlage das Privateigentum an den Produktionsmitteln ist.)
3. Средства труда и предметы труда, с помощью которых люди производят необходимые им вещи, называются средствами производства. (Die Arbeitsmittel und -gegenstände, mit deren Hilfe die Menschen die für sie notwendigen Produkte herstellen, heißen Produktionsmittel.)
4. Одежду, пищу и квартиры производят люди, рабочая сила которых является основой производства. (Kleidung, Nahrungsmittel und Wohnungen werden von den Menschen produziert, deren Arbeitskraft die Grundlage der Produktion ist.)

Ergänzen Sie die fehlende Endung des Genitivattributs in den folgenden Sätzen!

1. Люди производят средства труда, с помощью котор ... они создают материальные блага.   2. ГДР строит социализм, основа котор ... общественная собственность на средства производства.   3. Советский Союз является социалистической страной, трудящиеся котор ... строят коммунизм.   4. В центре производства стоит человек, рабочая сила котор ... при капитализме является товаром.

1.2.2.4.   Übersetzen Sie!

1. Die Menschen produzieren materielle Güter, deren Verteilung von den Produktionsverhältnissen abhängt.   2. Wir leben in der sozialistischen Gesellschaft, deren Grundlage das gesellschaftliche Eigentum an den Produktionsmitteln ist.   3. Im Mittelpunkt der Produktion steht der Mensch, dessen Arbeitskraft der entscheidende Faktor ist.   4. Wir sind Freunde der Sowjetunion, mit deren Hilfe wir den Sozialismus und Kommunismus aufbauen.   5. Die Menschen haben wachsende Bedürfnisse, deren Befriedigung Aufgabe der Produktion ist.

1.2.2.5.   Das verneinte Subjekt (vgl. Leitfaden, § 140; Sprachlehre, Ziff. 251, 254, 256).

Wird in einem Satz die Existenz oder Anwesenheit einer Person oder Sache verneint, so tritt das Subjekt in den Genitiv. Die Verneinung wird im Präsens durch нет, im Präteritum durch не было, im Futur durch не будет wiedergegeben.

При социализме нет эксплуатации.

В бесклассовом обществе не было эксплуатации.

При коммунизме не будет эксплуатации.

1.2.2.6.   Lesen Sie die folgenden Sätze! Achten Sie dabei auf das verneinte Subjekt!

1. При социализме нет класса, который не имеет средств производства. (Im Sozialismus gibt es keine Klasse, die keine Produktionsmittel besitzt.)
2. При капитализме у рабочих не было средств производства. (Im Kapitalismus hatten die Arbeiter keine Produktionsmittel.)
3. При коммунизме не будет классов. (Im Kommunismus wird es keine Klassen geben.)
4. При социализме нет класса капиталистов. (Im Sozialismus gibt es die Klasse der Kapitalisten nicht.)

1. Есть ли при социализме эксплуатация человека человеком? 2. Была ли при капитализме у рабочих частная собственность на средства производства? 3. Будет ли при коммунизме две формы собственности?

1.2.3. **Textteil**

1.2.3.1. ● ● **Hören und lesen Sie den Text! Übersetzen Sie!**

Производительные силы и производственные отношения

Производство на любой ступени развития имеет две стороны: производительные силы и производственные отношения. К производительным силам общества относятся люди со своим производственным опытом, предметы труда и средства труда, с помощью которых производятся материальные блага. Трудящиеся являются основной производительной силой человеческого общества на всех этапах его развития. Люди производят материальные блага группами, обществами. Следовательно, в процессе производства материальных благ люди связаны друг с другом и зависят друг от друга, вступают друг с другом в определённые отношения.

Отношения между людьми, возникающие в процессе производства, обмена и распределения материальных благ, называются производственными или экономическими отношениями. А какими могут быть эти отношения, зависит от того, в чьей собственности находятся средства производства. При капитализме средства производства находятся в частной собственности, рабочие не имеют средств производства, они вынуждены работать на капиталистов. Здесь устанавливаются отношения эксплуатации человека человеком, отношения господства и подчинения.

При социализме средства производства принадлежат всему обществу. Здесь отношения между людьми являются отношениями товарищеского сотрудничества и социалистической взаимопомощи.

1.2.3.2. ● ● **Hören Sie den Text! Geben Sie den Inhalt in deutscher Sprache wieder!**

1.2.3.3. **Übersetzen Sie!**

Die Produktion ist der Prozeß der Schaffung (создание) materieller Güter für die Befriedigung der Bedürfnisse des Menschen. Produktionsverhältnisse sind die ökonomischen Beziehungen, die zwischen den Menschen im Prozeß der Produktion, Zirkulation und Verteilung der materiellen Güter entstehen. Grundlage der Produktionsverhältnisse ist das Eigentum an den Produktionsmitteln. Im Kapitalismus gibt es das Privateigentum an Produktionsmitteln. Das Privateigentum ist die Grundlage der Ausbeutung. Im Sozialismus gibt es keine Ausbeutung des Menschen durch den Menschen, da es das gesellschaftliche Eigentum an den Produktionsmitteln gibt. Es entstehen Beziehungen der kameradschaftlichen Zusammenarbeit und der gegenseitigen Hilfe der Menschen.

1.2.3.4. **Wiederholen Sie die Ihnen bekannten Grundbegriffe der Politökonomie! Beantworten Sie die folgenden Fragen russisch!**

1. Что такое труд? 2. Что составляют предметы труда и средства труда? 3. Что такое средства труда и какую роль они играют в процессе труда? 4. Какие элементы составляют производительные силы? 5. Что такое производственные отношения?

1.3. **ABSCHNITT 3**

1.3.1. **Einführung**

1.3.1.1. **Wiederholen Sie die folgenden Wörter!**

большинство́	Mehrheit
дальне́йший	weiter
зако́н	Gesetz
лицо́, *Pl.* ли́ца	Gesicht; Person
нау́ка	Wissenschaft
нача́ть(ся) *сов.*; -чнёт(ся)	beginnen
начина́ть(ся)	
начина́ть(ся) с ана́лиза	mit der Analyse beginnen
о́бласть, -и; в о́бласти	Gebiet; auf dem Gebiet
осо́бенно	besonders
отде́льный	einzeln
прави́тельство	Regierung
преврати́ть *сов.*; -вращу́, -врати́шь	verwandeln, umgestalten
превраща́ть	
путь, -и *masc.*	Weg
снача́ла	zuerst, anfangs
стать *сов.* (кем/чем); ста́ну, ста́нешь	(etw.) werden
станови́ться; становлю́сь,	
стано́вишься	
стать ору́дием	zum Werkzeug werden
хозя́йство	Wirtschaft
наро́дное хозя́йство	Volkswirtschaft
се́льское хозя́йство	Landwirtschaft

1.3.1.2. ● ● Hören und lesen Sie den Satz! Sprechen Sie den Satz nach! Hören Sie
den Satz noch einmal!

1. Законы социализма *лежат в основе* деятельности партии и государства. — liegen zugrunde

2. Основа капитализма – частная собственность. *Несмотря на это* капитализм сначала был прогрессивным. — ungeachtet dessen

3. Коммунизм – самый прогрессивный *общественный строй*. — Gesellschaftsordnung

4. *Рост* производства – важный фактор развития общества. — Wachstum

5. Капитализм стал *тормозом* развития общества. — Hemmschuh

6. *В условиях* капитализма рабочие продают свою рабочую силу. — unter den Bedingungen

7. При социализме *существует* общественная собственность на средства производства. — existiert

8. Весь народ является *хозяином* земли, средств производства и т. д. — Herr, Eigentümer

9. Определяющей *чертой* социализма является общественная собственность на средства производства. — Wesenszug

10. Мы *рассматриваем* общественную собственность как экономическую основу социалистического общества. — betrachten

11. *При потреблении* материальных благ люди находятся в определённых отношениях. — beim Verbrauch

12. Социализм – это первая фаза коммунистического *способа производства*. — Produktionsweise

1.3.1.3. Lesen Sie die neuen lexikalischen Einheiten in der Grundform!

несмотря́ на	ungeachtet, trotz
несмотря́ на рост произво́дства	trotz des Wachstums der Produktion
строй	System, Ordnung, Struktur
обще́ственный строй	Gesellschaftsordnung
рост	Wachstum
то́рмоз	Hemmschuh, Bremse
усло́вие	Bedingung
в усло́виях	unter den Bedingungen
существова́ть; существу́ю, -ству́ешь	existieren
черта́	Wesenszug
хозя́ин, *Pl.* хозя́ева, хозя́ев	Herr, Eigentümer
рассмотре́ть *сов.*; -смотрю́, -смо́тришь рассма́тривать	betrachten
потребле́ние	Konsumtion, Verbrauch

23

способ произво́дства   Produktionsweise
лежа́ть в осно́ве (чего)   (einer Sache) zugrunde liegen
   лежа́ть в осно́ве де́ятельности   der Tätigkeit der Partei zugrunde
   па́ртии   liegen

1.3.1.4.   Lesen und vergleichen Sie!

1. госпо́дство — Herrschaft
госпо́дствовать — herrschen
При капитализме господствует частная собственность на средства производства. — Im Kapitalismus herrscht das Privateigentum an den Produktionsmitteln.
2. со́бственность — Eigentum
со́бственник — Eigentümer
При коммунизме все люди являются собственниками средств производства. — Im Kommunismus sind alle Menschen Eigentümer der Produktionsmittel.
3. челове́ческий — menschlich
челове́чество — Menschheit
„Первая производительная сила всего человечества есть рабочий, трудящийся.“ (В. И. Ленин) — „Die erste Produktivkraft der gesamten Menschheit ist der Arbeiter, der Werktätige.“ (W. I. Lenin)

1.3.1.5.   Lesen Sie die folgenden Internationalismen!

а́втор (Autor, Verfasser), ана́лиз, империалисти́ческий, капита́л, ликви-ди́ровать (liquidieren, beseitigen), маркси́стско-ле́нинский, прогре́сс (Progreß, Fortschritt), прогресси́вный (progressiv, fortschrittlich), систе́ма, ста́дия (Stadium), фа́за, фо́рма, хара́ктер, характе́рный (charakteristisch).

1.3.1.6.   Übersetzen Sie!

1. *Несмотря на* то, что при социализме *существуют* классы, производственные отношения между людьми – это отношения товарищеского сотрудничества и братской взаимопомощи. 2. В условиях социалистического *строя* господствует общественная собственность на средства производства. 3. Дальнейший *рост* производства зависит от развития производительных сил. 4. Частная собственность на средства производства стала *тормозом* развития производительных сил при капитализме. 5. *В условиях* господства частной собственности рабочие вынуждены работать на капиталистов. 6. При социализме весь народ является *хозяином* средств производства. 7. Без

производства материальных благ общество не может *существовать*.
8. Производство орудий труда – характерная *черта* человеческого труда. 9. Марксистско-ленинская наука *рассматривает* рабочий класс как самый прогрессивный класс общественного развития. 10. *Потребление* – последняя фаза производства материальных благ. 11. Производительные силы и производственные отношения – это две стороны *способа производства*. 12. Политика мира и дружбы *лежит в основе* деятельности партии и правительства в ГДР.

1.3.2. Grammatische Übungen

1.3.2.1. Das Partizip Präteritum Aktiv (vgl. Sprachlehre, Ziff. 211)

Das Partizip Präteritum Aktiv wird von der männlichen Singularform des Präteritums vollendeter und unvollendeter Verben gebildet, indem man das -л des Präteritums durch -вший, -вшая, -вшее, -вшие ersetzt.

определить – определил – определивший
продавать – продавал – продававший
развиваться – развивался – развивавшийся

Endet die männliche Singularform nicht auf -л, sondern auf einen anderen Konsonanten, so wird an diese Singularform -ший, -шая, -шее, -шие angehängt.

нести – нёс – нёсший
вырасти – вырос – выросший
достигнуть – достиг – достигший

Das Verb идти bildet das Partizip Präteritum Aktiv vom Stamm шед-

идти – (шёл) – шедший
выйти – (вышел) – вышедший

Zum Gebrauch des Partizips Präteritum Aktiv

Vergleiche Partizip Präsens Aktiv, Seite 13

Beispiele:

a) *einfaches Attribut:*
возникший общественный строй
(die entstandene Gesellschaftsordnung)
b) *erweitertes Attribut (Partizipialkonstruktion):*
возникший несколько веков назад капитализм
(der vor einigen Jahrhunderten entstandene Kapitalismus)
c) *isoliertes Attribut (nachgestellte Partizipialkonstruktion):*
капитализм, возникший несколько веков назад
(капитализм, который возник несколько веков назад)
(der Kapitalismus, der vor einigen Jahrhunderten entstand)

1. Основой возникших при социализме производственных отношений является общественная собственность на средства производства. (Die Grundlage der im Sozialismus entstandenen Produktionsverhältnisse ist das gesellschaftliche Eigentum an den Produktionsmitteln.)
2. Экономической основой, определившей характер капиталистического строя, являлась частная собственность на средства производства. (Die ökonomische Grundlage, die den Charakter der kapitalistischen Ordnung bestimmte, war das Privateigentum an den Produktionsmitteln.)
3. Трудящиеся, продававшие раньше свою рабочую силу капиталистам, теперь работают на себя. (Die Werktätigen, die früher ihre Arbeitskraft den Kapitalisten verkauft haben, arbeiten jetzt für sich selbst.)
4. Земля, фабрики, заводы, бывшие при капитализме собственностью капиталистов, теперь принадлежат всему народу. (Boden, Fabriken und Werke, die im Kapitalismus Eigentum der Kapitalisten gewesen sind, gehören jetzt dem ganzen Volk.)
5. Рабочие, раньше использовавшие средства и предметы труда в интересах частных собственников, при социализме используют их в своих интересах. (Die Arbeiter, die die Arbeitsmittel und Arbeitsgegenstände früher im Interesse privater Eigentümer benutzt haben, verwenden sie im Sozialismus in ihrem eigenen Interesse.)

1.3.2.3. Formen Sie in den folgenden Sätzen die Partizipialkonstruktion in einen Relativsatz um!

Muster: Капитализм, *бывший* сначала прогрессивным строем, стал потом тормозом дальнейшего развития.
Капитализм, *который был* сначала прогрессивным строем, стал потом тормозом дальнейшего развития.

1. Капитализм, достигший империалистической стадии, стал тормозом на пути дальнейшего развития. 2. Карл Маркс, хорошо знавший русский язык, читал книги русских авторов. 3. ГДР относится к странам, перешедшим к социалистическому способу производства. 4. Народы братских стран, вступившие после второй мировой войны на путь новой жизни, строят социалистическое общество.

1.3.2.4. ■ ■ Übersetzen Sie die folgenden Sätze!

1. Социалистические страны ликвидировали у себя капитализм, ставший тормозом развития. 2. Принадлежавшие капиталистам средства

производства теперь являются собственностью трудящихся. 3. ГДР, вступившая после 1945 года на новый путь, теперь строит развитое социалистическое общество. 4. Фабрики и заводы, находившиеся в руках частных собственников, перешли в собственность народа. 5. Повысившиеся темпы роста производства в ГДР являются и результатом сотрудничества с другими социалистическими странами.

1.3.3.   Textteil

1.3.3.1.   ● ● **Hören und lesen Sie den Text! Übersetzen Sie!**

Собственность на средства производства – экономическая основа общества

В основе капитализма лежит частная собственность на средства производства, но, несмотря на это, капитализм сначала был прогрессивным строем. Потом, особенно на его империалистической стадии, несмотря на рост производства, капитализм стал тормозом на пути дальнейшего развития человечества. В капиталистических условиях большинство людей может существовать, если они продают капиталисту свою рабочую силу.

Экономической основой социалистической системы хозяйства, её определяющей чертой является общественная собственность на средства производства.

В социалистических странах господствует общественная собственность на средства производства во всех отраслях народного хозяйства. Хозяевами земли, фабрик, заводов и других средств производства являются не отдельные лица, а весь народ.

Марксистско-ленинская экономическая наука рассматривает собственность как отношения между людьми в области производства, распределения, обмена и потребления материальных благ. От того, кому принадлежат средства и предметы труда в обществе, зависит характер экономических отношений между людьми. Поэтому изучение социализма как первой фазы коммунистического способа производства начинается с анализа форм собственности. Социалистическая собственность на средства производства является общественной собственностью трудящихся. Члены социалистического общества используют средства и предметы труда в процессе производства в своих интересах. При социализме нет класса, который не имеет средств производства, и нет класса частных собственников. В результате этого невозможно превратить средства производства в капитал, а рабочую силу – в товар. Общественная собственность делает невозможной эксплуатацию человека человеком.

1. Welches Eigentum liegt dem Kapitalismus zugrunde? 2. Unter welcher Bedingung (при каком условии) kann im Kapitalismus die Mehrheit der Menschen existieren? 3. Wer ist Eigentümer der Produktionsmittel im Sozialismus? 4. Wie definiert (рассматривать) die marxistisch-leninistische Wissenschaft das Eigentum? 5. Wovon hängt der Charakter der ökonomischen Beziehungen zwischen den Menschen ab? 6. In wessen Interesse (в чьих интересах) benutzen die Mitglieder der sozialistischen Gesellschaft Arbeitsmittel und Arbeitsgegenstände? 7. Welche Klasse gibt es im Sozialismus nicht? 8. Was ist im Sozialismus unmöglich?

1.3.3.3. ● ● Hören Sie den Text! Geben Sie den Inhalt mit Hilfe des folgenden Schemas in russischer Sprache wieder!

Элементы процесса труда

ТРУД	СРЕДСТВА ПРОИЗВОДСТВА	
	Предметы труда	*Средства труда*
Полезная деятельность человека	Сырьё, полуфабрикаты, на которые человек воздействует в процессе труда	Предметы или средства, с помощью которых человек воздействует на предметы труда

СПОСОБ ПРОИЗВОДСТВА	
Производительные силы	*Производственные отношения*
Средства производства	Отношение людей к собственности на средства производства
Люди с производственным опытом и производственными навыками.	Положение классов в производственном процессе и отношения между ними. Отношения распределения, обмена; отношения, возникающие в процессе потребления.

1.3.3.4. Übersetzen Sie mit Hilfe des Wörterbuchs!

Материальное производство – основа жизни общества

В основе существования и развития человеческого общества лежит материальное производство. ,,Так же, как общество не может перестать потреблять, – пишет Карл Маркс, – так не может оно перестать производить." Развитие материального производства определяет все стороны жизни человеческого общества.

Постоянное производство материальных благ объективно необходимо в любом человеческом обществе. Но способ их производства постоянно изменяется. В ходе истории человечество переходит от одного способа производства к другому, более прогрессивному.

Чем различаются способы производства? Марксистско-ленинская наука даёт на этот вопрос научно обоснованный ответ.

Каждый способ производства имеет две стороны. Первая из них – производительные силы. Они включают людей, имеющих определённый опыт, навыки к труду, и средства производства. Производительные силы постоянно развиваются. К средствам производства относится всё то, что люди используют при производстве необходимых им продуктов – земля, производственные здания, машины, инструменты, материалы, топливо.

Другая сторона способа производства – производственные, то есть экономические отношения. Это отношения между людьми, их коллективами, отдельными группами, классами, которые существуют в обществе в связи с производством материальных благ, их распределением и потреблением. Главным определяющим элементом производственных отношений любого общества является собственность на средства производства. От того, кому принадлежат средства производства, зависит в конечном счёте вся система отношений между людьми в процессе производства, распределения и потребления.

При капитализме средства производства принадлежат отдельным хозяевам, составляющим небольшую часть населения. Подавляющее же большинство людей не имеет средств производства. Они имеют только свою рабочую силу, свою способность к труду, которую они вынуждены продавать тем, кому принадлежат земля, фабрики, заводы, машины.

Сначала капитализм был прогрессивным строем, но свои прогрессивные черты он уже давно потерял. Созданные им производительные силы требуют не частной, а общественной собственности.

Великая Октябрьская социалистическая революция была началом новой эпохи – эпохи перехода человечества к высшему, коммунистическому способу производства.

1.3.3.5. **Sprechen Sie unter Benutzung der deutschen Stichpunkte zu den folgenden Themen!**

1. Значение производства для жизни любого общества. (Grundlage des Lebens; bestimmte materielle Güter notwendig; Gegenstände der Natur verändern; Befriedigung der menschlichen Bedürfnisse)

2. Роль средств производства в процессе производства. (PM sind Arbeitsmittel und Arbeitsgegenstände; zu den Arbeitsmitteln gehören ...; Rolle der Produktionsinstrumente; ökonomische Epochen unterscheiden sich; PM an sich können nicht produzieren)
3. Человек – основная производительная сила человеческого общества. (Rolle menschlicher Arbeit; was ist Arbeit; was sind PK)
4. Характер производственных отношений зависит от характера собственности на средства производства. (Was sind PV; Charakter der PV; PV im Kapitalismus; PV im Sozialismus)
5. При социализме эксплуатация человека человеком невозможна. (Gesellschaftliches Eigentum an PM; wem gehören PM; wie werden PM genutzt; keine Klasse von Privateigentümern; Arbeitskraft ist keine Ware)

2. Характер экономических законов

2.1. ABSCHNITT 1

2.1.1. Einführung

2.1.1.1. Wiederholen Sie die folgenden Wörter!

власть, -и	Macht
возмо́жность, -и	Möglichkeit
госуда́рство	Staat
госуда́рственный	staatlich
достиже́ние	Erreichen, Erreichung; Errungenschaft
достиже́ния наро́дного хозя́йства	Errungenschaften der Volkswirtschaft
зако́н	Gesetz
мероприя́тие	Maßnahme
мо́жно	man kann
нельзя́	man kann (darf) nicht
о́бщий	allgemein, gesamt, gemeinsam
перехо́д	Übergang
повы́сить *сов.* повыша́ть	erhöhen
повыше́ние	Erhöhung
пра́во	Recht
пра́во на труд	Recht auf Arbeit
приня́ть *сов.*; приму́, при́мешь принима́ть	annehmen
разли́чный	verschieden
они разли́чны (*Kurzform*)	sie sind verschieden
руководи́ть (чем); -вожу́, -води́шь	(etw.) leiten
руководи́ть наро́дным хозя́йством	die Volkswirtschaft leiten
руково́дство (чем)	Leitung
руково́дство хозя́йством	Leitung der Wirtschaft
свобо́дный	frei
они свобо́дны (*Kurzform*)	sie sind frei
стро́ительство	Aufbau, Bauwesen, Bauen
СЭВ (Сове́т Экономи́ческой Взаимопо́мощи)	RGW (Rat für Gegenseitige Wirtschafts- hilfe)
тако́й	ein solcher
трудя́щийся	Werktätiger
уча́ствовать в; -вую, -вуешь	teilnehmen an
уча́ствовать в конфере́нции	an der Konferenz teilnehmen
чем	als (*nach dem Komparativ und Wörtern mit komparativischer Bedeutung*)

1. При социализме возникают и *действуют* новые экономические законы. — *wirken*

2. Закон *планомерного*, пропорционального развития – один из экономических законов. — *planmäßig*

3. Новые экономические законы *выражают* отношения свободных от эксплуатации трудящихся. — *drücken aus*

4. *В отличие от* юридических законов экономические законы имеют объективный характер. — *im Unterschied zu*

5. Экономические законы не зависят от *сознания* людей. — *Bewußtsein*

6. *Сущность* способа производства определяет характер экономических законов. — *Wesen*

7. Каждый экономический закон выражает *ту или иную* объективную *необходимость*. — *diese oder jene Notwendigkeit*

8. Эксплуатация человека человеком *вытекает* из собственности на средства производства. — *ergibt sich*

9. Характер *действия* экономических законов при капитализме и социализме различен. — *Wirken*

10. Действие экономических законов при капитализме и социализме *коренным образом* различно. — *grundsätzlich*

11. В развитии экономики социалистическое общество *опирается* на марксистско-ленинскую науку. — *stützt sich*

12. При капитализме экономические законы действуют *стихийно*. — *spontan*

13. Мы должны *объединить* все наши силы, чтобы *сознательно* использовать экономические законы. — *vereinen* *bewußt*

14. *Действия* членов общества *направлены* на сознательное использование экономических законов. — *Handlungen* *sind gerichtet*

15. При социализме действия всех членов общества *согласованы*. — *sind abgestimmt*

16. При социализме действует закон *распределения по труду*. — *Verteilung nach der Arbeitsleistung*

17. Мы должны объединить все наши силы, чтобы *наилучшим образом* использовать экономические законы. — *auf beste Weise*

2.1.1.3. Lesen Sie die neuen lexikalischen Einheiten in der Grundform!

выразить *сов.*; выражу, -разишь   ausdrücken
  выражать
действие   Wirken, Wirkung; Handlung

де́йствовать; -вую, -вуешь	wirken, handeln
планоме́рный	planmäßig
в отли́чие от	im Unterschied zu
в отли́чие от капитали́зма	im Unterschied zum Kapitalismus
созна́ние	Bewußtsein
тот и́ли ино́й	dieser oder jener
су́щность, -и	Wesen
необходи́мость, -и	Notwendigkeit
вытека́ть	resultieren, hervorgehen
коренны́м о́бразом	grundsätzlich
наилу́чшим о́бразом	auf beste Weise, bestmöglich
опере́ться на *сов.*	sich stützen auf
опира́ться	
опира́ться на о́пыт	sich auf die Erfahrungen stützen
стихи́йный	spontan
объедини́ть *сов.*; -единю́, -ни́шь	vereinigen
объединя́ть	
напра́вить *сов.*; -пра́влю, -пра́вишь	richten, lenken
Part. Prät. Pass. напра́вленный	
они́ напра́влены (*Kurzform*)	sie sind gerichtet
направля́ть	
согласова́ть *сов.*; -су́ю, -су́ешь	abstimmen, koordinieren
согласо́вывать	
Part. Prät. Pass. согласо́ванный	
они́ согласо́ваны (*Kurzform*)	sie sind abgestimmt
распределе́ние по труду́	Verteilung nach der (Arbeits-) Leistung

2.1.1.4. Lesen und vergleichen Sie!

1. возни́кнуть *сов.*, возника́ть — entstehen
   возникнове́ние — Entstehung
   С возникнове́нием социалисти́ческих произво́дственных отноше́ний возника́ют и но́вые экономи́ческие зако́ны. — Mit der Entstehung sozialistischer Produktionsverhältnisse entstehen auch neue ökonomische Gesetze.
2. определи́ть *сов.*, определя́ть — bestimmen
   определе́ние — Bestimmung, Definition
   Для пра́вильного определе́ния це́лей экономи́ческого разви́тия ну́жно знать экономи́ческие зако́ны. — Zur richtigen Bestimmung der Ziele der ökonomischen Entwicklung muß man die ökonomischen Gesetze kennen.
3. испо́льзовать — ausnutzen
   испо́льзование — Ausnutzung
   То́лько при социали́зме возмо́жно созна́тельное испо́льзование экономи́ческих зако́нов в интере́сах наро́да. — Erst im Sozialismus ist eine bewußte Ausnutzung der ökonomischen Gesetze im Interesse des Volkes möglich.

4. созна́ние	Bewußtsein
созна́тельный (*Adj.*)	bewußt
созна́тельно (*Adv.*)	bewußt
При капитализме невозможно сознательно использовать экономические законы.	Im Kapitalismus ist es nicht möglich, die ökonomischen Gesetze bewußt auszunutzen.
5. хозя́ин	Herr, Eigentümer, Wirt
хозя́йство	Wirtschaft
хозя́йственный	wirtschaftlich
Экономические законы лежат в основе хозяйственной деятельности социалистического государства.	Die ökonomischen Gesetze liegen der wirtschaftlichen Tätigkeit des sozialistischen Staates zugrunde.
6. уме́ть	können, fähig sein, verstehen
уме́ние	Können, Fähigkeit
Умение правильно использовать экономические за коны необходимо для руководства хозяйством.	Die Fähigkeit, die ökonomischen Gesetze richtig auszunutzen, ist zur Leitung der Wirtschaft notwendig.

2.1.1.5. **Lesen Sie die folgenden Internationalismen!**

гаранти́ровать, истори́ческий, Ко́мплексная програ́мма, мобилизова́ть, национализи́ровать, объекти́вный, (о)публикова́ть (publizieren), о́рган, поли́тика, политэконо́мия, практи́ческий, пропорциона́льный, специ́фика, специфи́ческий, форма́ция (Formation), фунда́мент, (о)характеризова́ть, ша́хта (Schacht, Bergwerk), эффекти́вность, юриди́ческий (juristisch)

2.1.1.6. **Übersetzen Sie!**

1. Специфические законы *выражают* специфику каждого способа производства. 2. В обществе, где производственные отношения развиваются *стихийно*, экономические законы *действуют* тоже *стихийно*. 3. Закон *планомерного* пропорционального развития – это специфический закон социализма. 4. *В отличие от* законов физики или химии экономические законы характеризуют человеческие отношения. 5. Экономические законы не зависят от *сознания* людей. 6. Нельзя изучать и использовать только *тот или иной* экономический закон, так как экономические законы составляют систему. 7. *Сущность* развития социалистического общества *выражается* в основном экономическом законе социализма. 8. Социализм *коренным образом* изменил цель производства. 9. Социалистическое государство в своей практи-

ческой деятельности *опирается* на экономические законы социалистической экономики. 10. Общественная собственность *объединяет* народное хозяйство и трудящихся в один общественный организм. 11. Партия *направляет* деятельность миллионов людей на строительство социализма. 12. При капитализме существует частная собственность на средства производства. Из этого *вытекает* возможность эксплуатации. 13. Для достижения определённой цели надо *объединять* и *согласовывать* действия всех членов общества.

2.1.2. Grammatische Übungen

2.1.2.1. Das Partizip Präteritum Passiv (Langform; vgl. Sprachlehre, Ziff. 212)

Das Partizip Präteritum Passiv wird in der Regel von transitiven vollendeten Verben gebildet. Zur Bildung dienen die Suffixe -нн-, -енн- (-ённ-), -т-.

a) *Die Verben auf -ать (-ять), -овать, -еть (mehrsilbige) bilden meist das Partizip mit Hilfe des Suffixes -нн-, das an den Infinitivstamm angehängt wird:*
разработать – разработанный, образовать – образованный, посмотреть – посмотренный.

b) *Mehrsilbige Verben auf -ить und alle Verben auf -сти, -зти, -ти bilden das Partizip mit Hilfe des Suffixes -енн- (-ённ-), das an den Stamm der 1. Person des vollendeten Futurs angehängt wird, wobei gegebenenfalls Konsonantenwechsel eintritt:*
составить – составлю – составленный, выразить – выражу – выраженный, перевести – переведу – переведённый.

c) *Einige Verben auf -ать, -ять* wie *начать, принять, взять* und einige Verben auf *-ить, -еть, -ыть* (mit einsilbigem Stamm) sowie die Verben auf *-уть* bilden das Partizip mit Hilfe des Suffixes *-т-*, das an den Infinitivstamm angehängt wird:
начать – начатый, развить – развитый, достигнуть – достигнутый. (Vgl. Übersicht auf der folgenden Seite.)

Zum Gebrauch des Partizips Präteritum Passiv (Langform)
Vergleiche Partizip Präsens Aktiv, Seite 13.
Beispiele:
a) *einfaches Attribut:*
изменённые условия (die veränderten Bedingungen)
b) *erweitertes Attribut (Partizipialkonstruktion):*
изменённые в этом году условия (die in diesem Jahr veränderten Bedingungen)
c) *isoliertes Attribut (nachgestellte Partizipialkonstruktion):*
условия труда, изменённые в этом году, ... (die Arbeitsbedingungen, die in diesem Jahr verändert wurden, ...)

Partizipial-endung	Verb	Infinitivstamm	1. Pers. Sing. voll. Fut.	Partizip Präter. Passiv
-нн-	разработа*ть*	разработа-ть		разработа-*нн*-ый
	образо*вать*	образова-ть		образова-*нн*-ый
	осмотре*ть*	осмотре-ть		осмотре-*нн*-ый
-т-	нача*ть*	нача-ть		нача-*т*-ый
	откры*ть*	откры-ть		откры-*т*-ый
	достигн*уть*	достигну-ть		достигну-*т*-ый
енн- (-ённ-)	выполн*ить*		выполн-ю	выполн-*енн*-ый
	состав*ить*		составл-ю	составл-*енн*-ый
	переве*сти*		перевед-у	перевед-*ённ*-ый
	выра*зить*		выраж-у	выраж-*енн*-ый

In allen Passivsätzen steht der Urheber der Handlung im Instrumental.
условия труда, изменённые новым законом, ... (die Arbeitsbedingungen, die durch das neue Gesetz verändert wurden, ...)

2.1.2.2. **Lesen Sie die folgenden Sätze! Achten Sie dabei auf das Partizip Präteritum Passiv und seine Übersetzung!**

1. В формациях, основанных на частной собственности на средства производства, действуют другие экономические законы, чем при социализме. (In den Formationen, die auf dem Privateigentum an den Produktionsmitteln beruhen, wirken andere ökonomische Gesetze als im Sozialismus).

2. Новые экономические законы возникают и развиваются в изменён-ных общественных отношениях. (Neue ökonomische Gesetze entstehen und entwickeln sich unter veränderten gesellschaftlichen Verhältnissen.)

3. Материальные блага, созданные рабочими на капиталистическом предприятии, являются собственностью капиталиста. (Die materiellen Güter, die von den Arbeitern in einem kapitalistischen Betrieb geschaffen wurden, sind Eigentum des Kapitalisten.)

4. При социализме вся созданная в процессе производства продукция является собственностью всех членов общества. (Im Sozialismus sind alle im Produktionsprozeß geschaffenen Produkte Eigentum sämtlicher Mitglieder der Gesellschaft.)

5. Сознательно использовать экономические законы можно только с помощью объединённых и согласованных действий членов общества. (Man kann die ökonomischen Gesetze nur durch das ver-

einte und abgestimmte Handeln der Mitglieder der Gesellschaft bewußt ausnutzen.)

2.1.2.3.   Erweitern Sie die Sätze durch Einfügen des Urhebers der Handlung!

1. Во втором квартале ГДР экспортировала в СССР машины, произведённые (машиностроительные предприятия).   2. Все студенты изучают политэкономию, созданную (Маркс и Энгельс.)   3. Социалистическое общество, построенное (советский народ), идёт теперь к коммунизму.   4. Принятая (социалистические страны) Комплексная программа имеет важное значение для развития социалистической интеграции.   5. Банки, фабрики, заводы, шахты и т. д., национализированные (советское государство), стали фундаментом для построения социалистического общества.

2.1.2.4.   ■ ■ Übersetzen Sie die folgenden Sätze!

1. В советском обществе, построенном всем народом, нет эксплуатации человека человеком.   2. После Великой Октябрьской социалистической революции трудящиеся СССР построили социалистическое хозяйство, основанное на общественной собственности на средства производства.   3. С помощью объединённых и согласованных действий всех членов общества можно сознательно использовать экономические законы.   4. Манифест Коммунистической партии, опубликованный в 1848 г., явился важным документом для рабочего класса всего мира.   5. Закон о молодёжи, принятый в 1974 г. в ГДР, имеет большое значение для дальнейшего развития молодёжи.

2.1.3.   Textteil

2.1.3.1.   ● ● Hören und lesen Sie den Text! Übersetzen Sie!

Характер экономических законов при социализме

С возникновением и развитием социалистических производственных отношений возникают и развиваются новые экономические законы, выражающие отношения свободных от эксплуатации трудящихся, работающих на себя, на всё общество. При социализме действуют основной экономический закон социализма, закон планомерного пропорционального развития народного хозяйства, закон распределения по труду и другие.

Это не такие законы, которые принимают органы государственной власти и которые имеют юридическую силу. В отличие от них экономические законы, как и законы природы, имеют объективный характер, они не зависят от сознания людей.

Экономические законы социализма лежат в основе хозяйственной деятельности, экономической политики партии и социалистического государства. Каждый экономический закон выражает ту или иную объективную необходимость, вытекающую из сущности способа производства. Характер действия экономических законов при капитализме и при социализме коренным образом различен. При капитализме экономические законы действуют стихийно. При социализме общество опирается на марксистско-ленинскую науку, оно сознательно использует экономические законы в интересах всего народа, в интересах строительства коммунизма. Сознательно использовать эти законы можно только в условиях объединённых, согласованных и направленных на достижение определённой цели действий всех членов общества. Правильное определение целей экономического развития и умение наилучшим образом мобилизовать силы для их достижения – это и есть сущность использования экономических законов.

2.1.3.2. ● ● Hören Sie den Text! Geben Sie den Inhalt in deutscher Sprache wieder!

2.1.3.3. Beantworten Sie die folgenden Fragen russisch!

1. Какой характер имеют экономические законы? 2. Какие экономические законы действуют, например, при социализме? 3. Как действуют экономические законы а) при капитализме, б) при социализме? 4. Почему переход к социализму открывает новую фазу использования экономических законов?

2.1.3.4. Übersetzen Sie!

Die Politökonomie, die von Marx und Engels geschaffen wurde, untersucht (изучать) den Charakter der ökonomischen Gesetze. Die ökonomischen Gesetze haben – wie auch die Gesetze der Natur – objektiven Charakter. Sie wirken unabhängig (независимо) vom Bewußtsein der Menschen.

Im Kapitalismus existiert das Privateigentum an den Produktionsmitteln. Deshalb (поэтому) ist es unmöglich, die ökonomischen Gesetze bewußt auszunutzen.

Im Sozialismus liegen die ökonomischen Gesetze der Wirtschaftstätigkeit des Staates zugrunde. Ökonomische Gesetze des Sozialismus sind das ökonomische Grundgesetz, das Gesetz der planmäßigen proportionalen Entwicklung der Volkswirtschaft, das Gesetz der Verteilung nach der Arbeitsleistung (Arbeit) und andere. Das Gesetz der Verteilung nach der Leistung dient der Steigerung der Produktionsergebnisse.

2.2.   ABSCHNITT 2

2.2.1.   Einführung

2.2.1.1.   Wiederholen Sie die folgenden Wörter!

бы́стрый	schnell
вести́; веду́, ведёшь	führen
вы́расти *сов.*; вы́растет, -растут	wachsen
расти́; *Prät.* рос, -ла́, -ло́, -ли́	
движе́ние	Bewegung
заня́ть *сов.*; займу́, займёшь	einnehmen, besetzen
занима́ть	
занима́ть ме́сто	einen Platz einnehmen
ка́чество	Qualität, Eigenschaft
осуществи́ть *сов.*; -влю́, -ви́шь	realisieren, verwirklichen
осуществля́ть	
по́лный	vollständig
получи́ть *сов.*; -лучу́, -лу́чишь	erhalten
получа́ть	
поэ́тому	deshalb
проду́кция	Produktion, Produkt(e), Erzeugnisse
пятиле́тка	Fünfjahrplan
у́ровень, -вня	Stand, Niveau
у́ровень жи́зни	Lebensniveau
уча́стие в	Teilnahme an
уча́стие в руково́дстве	Teilnahme an der Leitung

2.2.1.2.   ● ● Hören und lesen Sie den Satz! Sprechen Sie den Satz nach! Hören Sie den Satz noch einmal!

1. Целью капиталистического производства является
   прибыль.   *Profit*
2. Целью социалистического производства является
   всё более полное удовлетворение потребностей   *immer voll-*
   народа.   *ständiger*
3. При социализме производство служит *обеспечению*   *Sicherung,*
   удовлетворения потребностей народа.   *Gewährleistung*
4. Рост производства при социализме ведёт к росту
   благосостояния трудящихся.   *Wohlstand*
5. Цель социализма – *всестороннее* развитие членов   *allseitig*
   общества.
6. *Расширение* производства необходимо для удовлет-   *Erweiterung*
   ворения потребностей народа.
7. *Совершенствование* производства осуществляется   *Vervollkommnung*
   на основе технического прогресса.
8. Рост потребностей *вызывает* совершенствование   *ruft hervor*
   производства.

39

9. *Источник* прибыли при капитализме – эксплуата-   *Quelle*
   ция трудящихся.
10. *Противоречия* могут быть источником развития.   *Widersprüche*
11. *Внутренний* источник развития при социализме –   *inner*
    это противоречие между уровнем производства и
    потребностями.
12. Неантагонистические противоречия при социа-
    лизме *разрешаются* мирным путём.   *werden gelöst*

2.2.1.3. Lesen Sie die neuen lexikalischen Einheiten in der Grundform!

при́быль, -и	Profit; Gewinn
всё бо́лее по́лный	immer vollständiger
всё бо́лее по́лное удовлетворе́ние	die immer vollständigere Befriedigung
потре́бностей	der Bedürfnisse
обеспе́чение	Sicherung, Gewährleistung; Versorgung
состоя́ние	Zustand
благосостоя́ние	Wohlstand
всесторо́нний	allseitig
многосторо́нний	mehrseitig, multilateral
расшире́ние	Erweiterung
соверше́нствование	Vervollkommnung
соверше́нствовать; -вую, -вуешь	vervollkommnen
вы́звать *сов.*; вы́зову, -зовешь	hervorrufen
вызыва́ть	
исто́чник	Quelle
противоре́чие	Widerspruch
вну́тренний	inner, Inlands-
разреши́ть *сов.*; -решу́, -реши́шь	lösen; erlauben
разреша́ть	
да́нный	gegeben
в ка́ждый да́нный моме́нт	jeweils

2.2.1.4. Lesen und vergleichen Sie!

1. получи́ть *сов.*, получа́ть	erhalten
получе́ние	Erhalt, Erzielung
Получение прибыли является	Die Erzielung von Profit ist das
целью капиталистического про-	Ziel der kapitalistischen Produktion.
изводства.	
2. осно́ва	Grundlage
основно́й	grundlegend, Grund-
обоснова́ние	Begründung
обоснова́ть *сов.*, обосно́вывать	begründen
Ленин обосновал новую цель	Lenin begründete das neue Ziel der
производства при социализме.	Produktion im Sozialismus.

3. путь
путём
ми́рным путём
Всё более полное удовлетворение потребностей членов
общества возможно только путём расширения производства.

Weg
auf dem Wege, durch
auf friedlichem Wege
Die immer vollständigere Befriedigung der Bedürfnisse der Mitglieder
der Gesellschaft ist nur durch die Erweiterung der Produktion möglich.

4. достиже́ние
дости́гнуть *сов.*
   дости́г, -ла, -ло, -ли
достига́ть
Удовлетворение растущих потребностей членов общества
достигается путём совершенствования производства.

Erreichen; Errungenschaft
erreichen

Die Befriedigung der wachsenden
Bedürfnisse der Mitglieder der Gesellschaft wird durch die Vervollkommnung der Produktion erreicht.

5. интересова́ть
заинтересо́ванный
быть заинтересо́ванным
они заинтересо́ваны (*Kurzform*)
Каждый трудящийся заинтересован в развитии производства.

interessieren
interessiert
interessiert sein
sie sind interessiert
Jeder Werktätige ist an der Entwicklung der Produktion interessiert

6. це́лый
це́лое
в це́лом
Всё общество в целом заинте-
ресовано в результатах производства.

ganz
das Ganze
im ganzen, insgesamt
Die Gesellschaft insgesamt ist an den
Ergebnissen der Produktion interessiert.

7. цель
в це́лях
Социалистическое производство осуществляется в целях
удовлетворения потребностей
народа.

Ziel, Zweck
zum Zweck, zwecks
Die sozialistische Produktion
erfolgt zum Zwecke der Befriedigung
der Bedürfnisse des Volkes.

8. увели́чить *сов.*, увели́чивать
увеличе́ние
Обеспечение благосостояния
народа достигается путём
увеличения производства.

vergrößern
Vergrößerung
Die Sicherung des Wohlstandes
des Volkes wird durch Vergrößerung
der Produktion erreicht.

9. ходи́ть
ход
В ходе развития социалистического общества возникают
разные противоречия.

laufen, gehen
Lauf, Verlauf
Im Verlauf der Entwicklung der sozialistischen Gesellschaft entstehen
verschiedene Widersprüche.

10. созда́ть *сов.*, создава́ть — schaffen
    созда́ние — Schaffung
    Научно-технический про- — Der wissenschaftlich-technische
    гресс – основа создания мате- — Fortschritt ist die Grundlage der ma-
    риально технической базы со- — teriell-technischen Basis des Sozia-
    циализма. — lismus.

2.2.1.5. Lesen Sie die folgenden Internationalismen!

ба́за (Basis, Grundlage), культу́рный, ло́гика, ма́ксимум, моме́нт, не-
антагонисти́ческий (nichtantagonistisch), организа́ция, принципиа́льный,
проду́кт, сти́мул (Stimulus, Antrieb)

2.2.1.6. Übersetzen Sie!

1. Карл Маркс дал *всестороннее* обоснование теории *прибыли.* 2. Социалистическое государство планомерно организует общественное
производство для *обеспечения благосостояния* и свободного *всестороннего* развития всех членов общества. 3. Цель производства при социализме – это постоянный рост материального *благосостояния* и
культурного уровня всех членов общества. 4. Постоянное развитие
техники есть необходимое условие роста и *совершенствования* социалистического производства. 5. При социализме постоянное *расширение* производства является объективной необходимостью, потому что
без него невозможно *обеспечение* постоянного роста народного потребления. 6. *Противоречие* между потребностями населения и достигнутым уровнем социалистического производства *разрешается*
путём *расширения* производства. 7. *Противоречие* между производством и потреблением служит *источником* движения и развития социалистической экономики. 8. Рост потребностей *вызывает* рост
производства. 9. *Обеспечение благосостояния* народа – это *внутренняя*
логика экономических законов социализма. 10. Потребности людей
всё больше растут.

2.2.2. Grammatische Übungen

2.2.2.1. Die Bildung des Passivs mit Hilfe der Partikel -ся (Sprachlehre, Ziff. 198, 199)

*Ein transitives Verb des unvollendeten Aspekts erhält durch Anfügen der
Partikel -ся eine passive Bedeutung.*
производить produzieren
производиться produziert werden
Общественный продукт производится трудящимися. (Das gesellschaftliche Produkt wird von den Werktätigen erzeugt.)

Vergleiche:

Aktiv: Трудящиеся производят общественный продукт.

Passiv: Общественный продукт производится *трудящимися*.

Das Akkusativobjekt des aktiven Satzes wird Subjekt des Passivsatzes, das Subjekt des aktiven Satzes wird Objekt des Passivsatzes und steht im Instrumental.

2.2.2.2. Lesen Sie die Sätze! Achten Sie dabei auf das Passiv!

1. Цель производства характеризуется основным экономическим законом данного общества. (Das Ziel der Produktion wird vom ökonomischen Grundgesetz der jeweiligen Gesellschaft charakterisiert.)
2. Средства достижения этой цели определяются формой собственности на средства производства и характером производственных отношений. (Die Mittel zur Erreichung dieses Ziels werden durch die Form des Eigentums an den Produktionsmitteln und durch den Charakter der Produktionsverhältnisse bestimmt.)
3. Основной экономический закон социализма используется обществом в своих интересах. (Das ökonomische Grundgesetz des Sozialismus wird von der Gesellschaft in ihrem Interesse ausgenutzt.)
4. При социализме производство осуществляется в целях всё более полного удовлетворения растущих потребностей трудящихся. (Im Sozialismus wird die Produktion zum Zwecke der immer vollständigeren Befriedigung der wachsenden Bedürfnisse der Werktätigen durchgeführt).
5. Цель производства достигается участием всех в общественном труде. (Das Ziel der Produktion wird durch die Teilnahme aller an der gesellschaftlichen Arbeit erreicht.)

2.2.2.3. Verwandeln Sie die folgenden Aktivsätze in Passivsätze!

Muster: Общество сознательно использует экономические законы социализма. (*Aktiv*)

Экономические законы социализма сознательно используются обществом. (*Passiv*)

1. Трудящиеся производят материальные блага. 2. Партия и правительство обосновывают новые задачи. 3. Планомерная организация произовдственного процесса обеспечивает растущее благосостояние и всестороннее развитие членов общества. 4. Человек производит и развивает средства труда. 5. Полезный труд человека создаёт материальные блага.

2.2.2.4. ■ ■ Übersetzen Sie!

1. В процессе производства людьми используются средства и предметы труда. 2. Юридические законы принимаются органами государственной власти. 3. Планы разрабатываются плановыми органами. 4. При социализме осуществляется закон распределения по труду. 5. Неантагонистические противоречия при социализме разрешаются мирным путём.

2.2.2.5. Übersetzen Sie!

1. Der Widerspruch wird durch Erweiterung der Produktion gelöst. 2. Die ökonomischen Gesetze werden bewußt ausgenutzt. 3. Durch dieses Gesetz wird das Lebensniveau der Werktätigen erhöht. 4. Der Charakter der ökonomischen Gesetze wird vom Wesen der Produktionsweise bestimmt. 5. Die Arbeitsmittel werden von den Menschen produziert und entwickelt. 6. Im Sozialismus wird das Gesetz der Verteilung nach der Arbeitsleistung verwirklicht.

2.2.3. Textteil

2.2.3.1. ● ● Hören und lesen Sie den Text! Übersetzen Sie!

Основной экономический закон социализма

Основной экономический закон каждого общества характеризует цель производства и средства её достижения, которые определяются формой собственности на средства производства, характером производственных отношений.

Целью капиталистического производства является получение максимума прибыли путём эксплуатации трудящихся.

Целью социалистического производства является всё более полное удовлетворение растущих материальных и культурных потребностей народа.

Ленин всесторонне обосновал принципиально новую цель производства при социализме и пути её достижения. Он говорил, что социализм – это планомерная организация общественно-производственного процесса для обеспечения благосостояния и всестороннего развития всех членов общества. Всё более полное удовлетворение растущих потребностей всех членов общества достигается только путём расширения и совершенствования производства. Поэтому всё общество в целом и каждый трудящийся заинтересованы в развитии и совершенствовании производства, в увеличении общественного продукта.

Противоречие между достигнутым уровнем производства и растущими потребностями – постоянный внутренний источник развития социалистического общества. Возникающее в ходе развития социалистического общества неантагонистическое противоречие между достигнутым в каждый данный момент уровнем социалистического производства и быстро растущими потребностями трудящихся планомерно разрешается путём расширения производства. Это ведёт к новому росту потребностей, который вызывает дальнейшее расширение производства и повышение выпуска продукции.

Так осуществляется действие основного экономического закона социализма как закона постоянного роста социалистического производства в целях более полного удовлетворения потребностей всех членов общества. Противоречие между достигнутым уровнем производства и растущими потребностями служит стимулом научно-технического прогресса, основой создания и развития материально-технической базы нового общественного строя.

2.2.3.2.   Sprechen Sie russisch zu den Punkten 1–6!

1. Назовите цель производства: при капитализме, при социализме! 2. Что такое социализм по словам Ленина? 3. Как достигается всё более полное удовлетворение растущих потребностей членов общества? 4. Назовите внутренний источник развития социалистического общества! 5. Как разрешается противоречие между социалистическим производством и растущими потребностями трудящихся? 6. В каких целях осуществляется основной экономический закон социализма?

2.2.3.3.   ● ●   Hören Sie den Text! Geben Sie den Inhalt in deutscher Sprache wieder!

2.3.   ABSCHNITT 3

2.3.1.   Einführung

2.3.1.1.   Wiederholen Sie die folgenden Wörter!

во́зраст	Alter
высо́кий	hoch
вы́ше	höher
коли́чество	Quantität, Menge
ни́зкий	niedrig
ни́же	niedriger
работоспосо́бность, -и	Arbeitsfähigkeit
ра́зница	Unterschied
специа́льность, -и	Fachgebiet
спосо́бность, -и	Fähigkeit
чем – тем	je – desto

2.3.1.2. ● ● Hören und lesen Sie den Satz! Sprechen Sie den Satz nach! Hören Sie den Satz noch einmal!

1. Для *поддержания жизни* рабочий продаёт свою рабочую силу капиталисту.   *Lebensunterhalt*

2. Рабочий получает *столько, сколько* ему нужно для жизни.   *soviel wie*

3. За свой труд рабочий получает *зарплату*.   *Arbeitslohn*

4. Источником роста зарплаты трудящихся является повышение *производительности труда*.   *Arbeitsproduktivität*

5. Правильная *оплата труда* стимулирует рост производительности труда.   *Entlohnung*

6. *Лишь* оплата труда по количеству и качеству труда создаёт материальную заинтересованность рабочих в работе.   *nur*

7. Право на труд, которое гарантируется социалистическим государством, не зависит от национальности и *пола*.   *Geschlecht*

8. Социалистическое производство *в конечном счёте* направлено на обеспечение благосостояния всех членов общества.   *im Endergebnis, letzt(end)lich*

9. Все люди при социализме *равны по отношению к* средствам производства.   *gleich in bezug auf*

2.3.1.3. Lesen Sie die neuen lexikalischen Einheiten in der Grundform!

сто́лько, ско́лько	soviel wie
поддержа́ние	Unterhalt
за́работная пла́та (зарпла́та)	Arbeitslohn
опла́та труда́	Entlohnung
лишь	nur
производи́тельность труда́	Arbeitsproduktivität
пол	Geschlecht (biologisch)
в коне́чном счёте	im Endergebnis, letzt(end)lich
ра́вный	gleich
они равны́ (*Kurzform*)	sie sind gleich
по отноше́нию к	in bezug auf
по отноше́нию к сре́дствам производства	in bezug auf die Produktionsmittel

2.3.1.4. Lesen und vergleichen Sie!

1. зави́сеть — abhängen
   независи́мый — unabhängig
   Члены общества имеют право на труд независимо от пола и возраста. — Die Mitglieder der Gesellschaft haben das Recht auf Arbeit, unabhängig von Geschlecht und Alter.

46

2. обеспе́чение — Sicherung, Gewährleistung
обеспе́чить *сов.*, обеспе́чивать — sichern, gewährleisten
Рост производительности труда обеспечивает повышение уровня жизни народа. — Das Wachstum der Arbeitsproduktivität sichert die Erhöhung des Lebensniveaus des Volkes.
3. заинтересо́ванный — interessiert
заинтересо́ванность — Interessiertheit
Оплата по труду обеспечивает заинтересованность трудящихся в повышении своей квалификации. — Die Bezahlung nach der (Arbeits-) Leistung sichert die Interessiertheit der Werktätigen an der Erhöhung ihrer Qualifikation.

2.3.1.5. Lesen Sie die folgenden Internationalismen!

диктова́ть, квалифика́ция (Qualifikation; Qualifizierung), масшта́б, в масшта́бе, ме́тод, национа́льность, стимули́ровать, те́мп (*meist Pl:* Tempo)

2.3.1.6. Übersetzen Sie!

1. Цель капиталистического производства *в конечном счёте* – получение прибыли. 2. *Зарплата* рабочих при капитализме не всегда обеспечивает *поддержание* жизни. 3. Капиталисты дают рабочему *лишь столько, сколько* нужно для *поддержания* его работоспособности. 4. Социализм гарантирует *равную оплату* за *равный труд* независимо от *пола* и возраста. 5. При социализме уровень *оплаты* труда определяется уровнем общественного производства, а этот уровень повышается на основе роста *производительности труда.* 6. Уровень *заработной платы* регулируется государством в масштабе всей страны. 7. Все люди должны быть *равны по отношению к* средствам производства.

2.3.2. Grammatische Übungen

2.3.2.1. Das Partizip Präteritum Passiv (Kurzform; vgl. Sprachlehre, Ziff. 213)

Die Kurzform des Partizips Präteritum Passiv wird von der Langform des gleichen Partizips abgeleitet und tritt im Satz stets als Prädikat auf.

Langform	Kurzform
построенный завод	Завод построен. (nur *ein* н)
das erbaute Werk	Das Werk ist erbaut (worden).
принятый закон	Закон принят.
das angenommene Gesetz	Das Gesetz ist angenommen (worden).

Die Kurzform des Part. Prät. Pass. wird nicht dekliniert. Sie stimmt mit dem Beziehungswort in Genus und Numerus überein.

План составлен.	Der Plan ist aufgestellt (worden).
Цель определена.	Das Ziel ist festgelegt (worden).
Решение принято.	Der Beschluß ist gefaßt (worden).
Силы мобилизованы.	Die Kräfte sind mobilisiert (worden).

In der Regel lassen die Kurzformen des Part. Präs. Pass. zwei Formen der Übersetzung zu:

Завод построен.
1. Das Werk ist erbaut worden. (Handlung, Perf. Pass.)
2. Das Werk ist erbaut. (Zustandspassiv, Präs.)

Die Kurzform des Part. Prät. Pass. drückt in Verbindung mit dem Präteritum von быть vollendetes Präteritum, mit dem Futur von быть vollendetes Futur aus.

В городе Шведте *был построен* химический комбинат. (In der Stadt Schwedt wurde ein chemisches Kombinat errichtet; oder: ... war ... errichtet worden.)

Производственный план *будет выполнен* до 20-ого декабря. (Der Produktionsplan wird bis zum 20. Dezember erfüllt werden; oder: ... wird ... erfüllt worden sein.)

Wie in allen Passivsätzen steht auch hier der Urheber der Handlung im Instrumental.

Право на труд гарантировано государством. (Das Recht auf Arbeit ist durch den Staat garantiert.)

Die Kurzform des Part. Prät. Pass. wird sowohl in der Schriftsprache als auch in der Umgangssprache gebraucht.

Библиотека открыта. (Die Bibliothek ist geöffnet.)

2.3.2.2. **Lesen Sie die folgenden Sätze! Achten Sie auf das Partizip Präteritum Passiv und seine Übersetzung!**

1. Трудящиеся социалистического общества заинтересованы в росте производительности труда и в увеличении результатов работы. (Die Werktätigen der sozialistischen Gesellschaft sind am Wachstum der Arbeitsproduktivität und an der Erhöhung der Arbeitsergebnisse interessiert.)
2. В книге „Капитал" К. Маркса показана сущность законов, которые действуют при капитализме. (In dem Buch „Das Kapital" von K. Marx ist das Wesen der Gesetze gezeigt, die im Kapitalismus wirken.)

3. Общественной собственностью на средства производства был изменён характер действия экономических законов. (Durch das gesellschaftliche Eigentum an den Produktionsmitteln wurde der Charakter des Wirkens der ökonomischen Gesetze verändert.)

4. Право на получение работы по специальности и квалификации гарантировано социалистическим государством. (Das Recht auf Erhalt einer Arbeit entsprechend dem Beruf und der Qualifikation ist vom sozialistischen Staat garantiert.)

5. Производство материальных благ – необходимое условие потребления, так как потреблено может быть только то, что произведено. (Die Produktion materieller Güter ist eine notwendige Voraussetzung für die Konsumtion, da nur das konsumiert werden kann, was produziert worden ist.)

6. По пятилетнему плану будут построены крупные народнохозяйственные объекты. (Laut Fünfjahrplan werden große volkswirtschaftliche Objekte gebaut werden.)

7. Система международного нефтепровода ,,Дружба" была создана объединёнными силами нескольких стран. (Das System der internationalen Erdölleitung ,,Freundschaft" wurde durch die vereinten Kräfte mehrerer Länder geschaffen.)

2.3.2.3. **Formen Sie die folgenden Wendungen um! Übersetzen Sie die Passivsätze!**

Muster: составленный план — ✓der aufgestellte Plan
План составлен. — Der Plan ist aufgestellt (worden).
План был составлен. — Der Plan wurde aufgestellt.

1. использованные законы 2. произведённые материальные блага 3. гарантированное право на труд 4. достигнутый результат 5. объединённые силы

2.3.2.4. **Formen Sie die folgenden Partizipialkonstruktionen in Relativsätze um!**

Muster: Социалистическое производство имеет принципиально новую цель, *обоснованную* Лениным.
Социалистическое производство имеет принципиально новую цель, *которая (была) обоснована* Лениным.

1. Химический комбинат, построенный в городе Шведте, получает нефть из Советского Союза. 2. При социализме работа трудящихся, заинтересованных в развитии производства, служит интересам всего народа. 3. Совет Экономической Взаимопомощи, основанный в 1949 году, успешно осуществляет сотрудничество между социалистическими странами. 4. Действия членов общества, направленные на

сознательное использование экономических. законов, вызывают расширение производства. 5. Студенты изучают политэкономию, созданную Марксом и Энгельсом.

2.3.2.5. ■ ■ Übersetzen Sie die folgenden Sätze!

1. Экономическая политика партии и социалистического государства построена на марксистско-ленинской науке. 2. Обществу дана возможность использовать экономические законы в интересах всего народа. 3. Совет Экономической Взаимопомощи был основан в 1949 году. 4. Большие средства будут направлены на реализацию этого проекта. 5. Программа дальнейшей борьбы за мир была принята XXV съездом КПСС. 6. Силы общества мобилизованы партией и правительством для достижения целей экономического развития.

2.3.2.6. Übersetzen Sie!

1. Der Rat für Gegenseitige Wirtschaftshilfe wurde im Jahre 1949 gegründet. 2. Diese Maßnahmen sind auf die Erhöhung des Lebensstandards der Werktätigen gerichtet. 3. Der aufgestellte Plan wurde bis zum 15. Dezember erfüllt. 4. Dieses Werk ist im Jahre 1975 erbaut worden. 5. Das Ziel ist erreicht. 6. Der Widerspruch wird durch das neue Gesetz gelöst werden.

2.3.3. **Textteil**

2.3.3.1. ● ● Hören und lesen Sie den Text! Übersetzen Sie!

Распределение по труду – закон социализма
Каждый общественный строй имеет свой способ распределения материальных благ. При капитализме распределение продукта между капиталистами и рабочими выражает отношения эксплуатации рабочих собственниками средств производства.

В социалистическом обществе характер распределения общественного продукта коренным образом изменяется. Там производство служит всё более полному удовлетворению материальных и культурных потребностей членов общества.

Распределение материальных благ между членами социалистического общества осуществляется по принципу „От каждого по способностям, каждому по труду". Такой способ распределения диктуется объективными условиями – характером господствующих на стадии социализма производственных отношений и уровнем развития производительных сил.

В. И. Ленин писал, что при социализме распределение есть метод, орудие, средство для расширения производства. Оплата труда, которая построена по принципу распределения по труду, является стимулом повышения квалификации и роста производительности труда. Распределение по труду – экономический закон социализма.

Все люди при созиализме равны. Это значит, что все члены общества равны по отношению к средствам производства. Право на получение работы по своей специальности и квалификации, независимо от пола, возраста, национальности, гарантировано государством. Оплата по количеству и качеству труда обеспечивает материальную заинтересованность работающих в повышении их квалификации, в росте производительности труда и, в конечном счёте, в увеличении результатов работы.

2.3.3.2.   ● ●   **Hören Sie den Text! Geben Sie den Inhalt in deutscher Sprache wieder!**

2.3.3.3.   **Übersetzen Sie!**

Die Verteilung nach der Arbeitsleistung (Arbeit) ist ein ökonomisches Gesetz des Sozialismus. Dabei (при этом) erfolgt (wird verwirklicht) die Verteilung der materiellen Güter nach dem Prinzip „Jeder nach seinen Fähigkeiten, jedem nach seiner Leistung." Das ist ein Mittel zur Erhöhung der Arbeitsproduktivität. Je höher die Arbeitsproduktivität, desto höher der Lebensstandard des Volkes. Im Sozialismus dient die Produktion der immer vollständigeren Befriedigung der materiellen und kulturellen Bedürfnisse des Volkes. Die Bezahlung nach der Quantität und Qualität der Arbeit sichert die materielle Interessiertheit der Werktätigen an der Erhöhung ihrer Qualifikation. Alle Mitglieder der Gesellschaft haben das Recht auf Arbeit, unabhängig von Geschlecht, Alter und Nationalität.

2.3.3.4.   **Übersetzen Sie mit Hilfe des Wörterbuchs!**

Экономические законы развития общества

Политическая экономия ставит своей целью открыть экономические законы, изучить механизм их действия и выяснить пути их использования в практической деятельности.

Экономические законы выражают прочные, постоянно повторяющиеся необходимые связи и взаимозависимость экономических явлений, то есть сущность процессов экономической жизни, они отражают развитие производственных отношений. Из этого вытекает, что политическая экономия как наука о производственных отношениях людей должна изучать и экономические законы.

Нельзя смешивать, например, законы, определяющие развитие живой и неживой природы, и законы, управляющие отношениями между людьми в процессе производства. Первые изучаются различными естественными науками: биологией, физикой, химией, агрономией, механикой и т. д. Вторые изучаются политической экономией.

Производственные отношения людей на разных этапах развития общества существенно отличаются друг от друга. Поэтому большинство экономических законов действует лишь при том или ином способе производства. Такие законы называются специфическими.

Особенностью социализма является господство общественной собственности на средства производства. Это вызывает действие таких специфических экономических законов, как закон планомерного развития народного хозяйства, закон распределения по труду, основной экономический закон социализма и другие.

Законы, действующие в нескольких способах производства, называются общими. Одним из общих экономических законов является, например, закон соответствия производственных отношений характеру производительных сил.

Конечно, экономические законы действуют не автоматически, не сами по себе. Экономические законы – это законы хозяйственной деятельности. Они выражают сущность, главное содержание, определяют общие направления этой деятельности. Вне субъективной деятельности людей экономических законов нет и быть не может.

Но, несмотря на это, действия людей зависят от объективных условий, а объективные условия определяются в конечном счёте материальными условиями жизни, в которых они находятся. Люди могут успешно решать только такие производственные задачи, для реализации которых имеются необходимые объективные условия.

В тех случаях, когда люди изучают и учитывают в своей практике материальные условия, требования объективных экономических законов, их усилия дают необходимый эффект. Залогом успешного выполнения пятилетних планов развития народного хозяйства является учёт реальных условий производства, объективных экономических законов, действующих при социализме.

2.3.3.5. **Sprechen Sie unter Benutzung der deutschen Stichpunkte zu den folgenden Themen!**

1. Характеризуйте экономические законы! (objektiver Charakter; unabhängig vom Bewußtsein der Menschen; welche ökonomischen Gesetze wirken im Sozialismus)
2. Сознательное использование экономических законов возможно только при социализме. (abgestimmte Handlungen aller Mitglieder;

interessiert an Erreichung eines Zieles; gestützt auf marxistisch-leninistische Wissenschaft; im Kapitalismus spontanes Wirken)

3. Основной экономический закон социализма – закон постоянного
роста социалистического производства. (Ziel der Produktion;
Wege der Erreichung dieses Zieles im Sozialismus; die innere Entwick-
lungsquelle im Sozialismus; Lösung des nichtantagonistischen Wider-
spruches)

4. Характер распределения общественного продукта при социализме
и при капитализме. (im Kapitalismus Beziehungen der Ausbeutung;
Lohn des Arbeiters; Verteilungsprinzip im Sozialismus; Lenin über
Verteilung im Sozialismus)

5. Распределение по труду – стимул роста производительности труда.
(Erhöhung der Qualifikation; materielle Interessiertheit der Werktätigen
gewährleistet; Recht auf Arbeit garantiert; Erhöhung der Arbeitsergebnisse)

3. Планирование народного хозяйства при социализме

3.1. ABSCHNITT 1

3.1.1. Einführung

3.1.1.1. Wiederholen Sie die folgenden Wörter!

впервы́е	zum erstenmal
вы́работать *сов.*	ausarbeiten
выраба́тывать	
доби́ться *сов.* (чего); -бью́сь, -бьёшься	(etw.) erreichen, erzielen
добива́ться	
доби́ться успе́хов	Erfolge erzielen
найти́ *сов.*; найду́, -дёшь	finden
находи́ть	
народнохозя́йственный	Volkswirtschafts-, volkswirtschaftlich
нести́ (*best. Form*); несу́, несёшь	tragen
Prät. нёс, несла́, несли́	
носи́ть (*unbest. Form*); ношу́, но́сишь	
плохо́й	schlecht
предста́вить *сов.*; -ста́влю, -ста́вишь	vorstellen, darstellen
представля́ть	
преиму́щество	Vorzug
примене́ние	Anwendung
промы́шленность, -и	Industrie
промы́шленный	Industrie-, industriell
стро́гий	streng, genau

3.1.1.2. ● ● Hören und lesen Sie den Satz! Sprechen Sie den Satz nach! Hören Sie den Satz noch einmal!

1. Планомерная организация народного хозяйства *охватывает* производство и распределение продуктов. — *umfaßt*

2. При планомерной организации народного хозяйства общество *исходит из* всей системы экономических законов. — *geht aus von*

3. Общество использует *прежде всего* закон планомерного развития народного хозяйства. — *vor allem*

4. Планы должны *предусматривать* быстрые темпы развития науки и техники. — *vorsehen*

5. Необходимо предусматривать быстрые темпы *внедрения* новых достижений. — *Einführung*

6. Надо *соблюдать* принцип обеспечения пропорционального развития экономики. — *einhalten*

7. *Затраты* на производство продукции должны быть низкими. — *Aufwand*

8. Важный принцип руководства народными предприятиями – производство продукции при *наименьших* затратах. — *geringste*

9. Ленин *указывал* пути планового руководства социалистическим хозяйством. — *zeigte*

10. Коллективы должны быть заинтересованы в *разработке* высоких планов. — *Erarbeitung*

11. При социализме общество впервые *овладевает* условиями производства. — *beherrscht*

12. Для социалистического общества характерно планомерное *ведение* хозяйства. — *Führung*

13. Социалистическое общество сознательно организует производство и *тем самым* достигает значительной *экономии* общественного труда. — *dadurch* *Einsparung*

14. Каждое предприятие несёт полную *ответственность* за выполнение плановых заданий. — *Verantwortung*

15. Качество – один из важных *показателей* производственной программы. — *Kennziffern*

3.1.1.3.   Lesen Sie die neuen lexikalischen Einheiten in der Grundform!

охвати́ть *сов.*; -хвачу́, -хва́тишь	umfassen
охва́тывать	
исходи́ть из	ausgehen von
исходи́ть из зако́нов	ausgehen von den Gesetzen
пре́жде	früher
пре́жде всего́	vor allem
предусмотре́ть *сов.*; -смотрю́,	vorsehen, in Betracht ziehen
-смо́тришь	
предусма́тривать	
внедре́ние	Einführung
соблюда́ть	einhalten, wahren, beachten
соблюде́ние	Einhaltung
затра́та	Aufwand, Aufwendung
наиме́ньший	geringster
указа́ть *сов.*; -кажу́, -ка́жешь	(auf)zeigen, hinweisen
ука́зывать	
разрабо́тать *сов.*, разраба́тывать	erarbeiten, ausarbeiten

разрабóтка	Erarbeitung, Ausarbeitung
овладéть *сов.* (чем)	sich aneignen; (etw.) beherrschen,
овладéвать	meistern
овладéвать мéтодом	eine Methode beherrschen
тем сáмым	dadurch
ведéние	Führung, Leitung
отвечáть	entsprechen; antworten
отвéтственность	Verantwortung
нестú отвéтственность за выполнéние	Verantwortung tragen für die
плáна	Planerfüllung
эконóмия	Einsparung, Ökonomie
показáтель, -я	Kennziffer

3.1.1.4. Lesen und vergleichen Sie!

1. план
   плáновый
   планомéрный
   планомéрность
   планúрование
   Планирование народного хозяйства – важнейшая экономическая функция социалистического государства.

   Plan
   Plan-, Planungs-
   planmäßig
   Planmäßigkeit
   Planung
   Die Planung der Volkswirtschaft ist eine sehr wichtige ökonomische Funktion des sozialistischen Staates.

2. вы́полнить *сов.*, выполня́ть
   выполнéние
   Коллектив заинтересован в выполнении плана.

   erfüllen
   Erfüllung
   Das Kollektiv ist an der Erfüllung des Planes interessiert.

3. Лéнин
   лéнинский
   хозя́йство
   хозя́йствование
   Планирование народного хозяйства осуществляется на основе ленинских принципов хозяйствования.

   Lenin
   Leninscher
   Wirtschaft
   Wirtschaftsführung
   Die Planung der Volkswirtschaft erfolgt auf der Grundlage der Leninschen Prinzipien der Wirtschaftsführung.

4. учéсть *сов.*, учи́тывать
   учёт

   Один из важных принципов планирования – это строгий учёт экономических законов социализма.

   berücksichtigen; berechnen
   Berücksichtigung; Berechnung; Statistik
   Ein wichtiges Prinzip der Planung ist die strenge Berücksichtigung der ökonomischen Gesetze des Sozialismus.

5. пропорционáльный
   пропорционáльность

   proportional
   Proportionalität

Другой важный принцип – это обеспечение пропорциональности в развитии экономики.	Ein anderes wichtiges Prinzip ist die Sicherung der Proportionalität bei der Entwicklung der Wirtschaft.
6. лу́чший улучше́ние Коллективы предприятий заинтересованы в улучшении использования производственных фондов.	besserer, bester Verbesserung Die Kollektive der Betriebe sind an der Verbesserung der Ausnutzung der Produktionsfonds interessiert.
7. значе́ние значи́тельный Значительная экономия общественного труда достигается путём рационализации.	Bedeutung bedeutend Eine bedeutende Einsparung an gesellschaftlicher Arbeit wird durch Rationalisierung erreicht.
8. соста́вить *сов.*, составля́ть составле́ние При составлении планов необходимо соблюдать важные принципы хозяйствования.	aufstellen Aufstellung Bei der Aufstellung der Pläne muß man wichtige Prinzipien der Wirtschaftsführung beachten.
9. расшире́ние расши́рить *сов.*, расширя́ть Социалистическое общество планомерно организует и расширяет производство.	Erweiterung erweitern Die sozialistische Gesellschaft organisiert und erweitert planmäßig die Produktion.

3.1.1.5. Lesen Sie die folgenden Internationalismen!

автоматизи́ровать, конкре́тный, контро́ль, перспекти́ва, рента́бельность (Rentabilität), ресу́рсы (Ressourcen, Hilfsquellen), стимули́рование, сфе́ра, фина́нсовый, фонд, фу́нкция, эффекти́вный

3.1.1.6. Übersetzen Sie!

1. Планирование *охватывает* производство, распределение, обмен и потребление продуктов труда. 2. Народнохозяйственные планы *исходят* из учёта действия основного экономического закона социализма. 3. Планомерное *ведение* народного хозяйства – это *прежде всего* сознательная организация труда в масштабе общества. 4. Партия *указывает* конкретные задачи на каждом этапе, *тем самым* трудящиеся получают цель для своей деятельности. 5. Народнохозяйственные планы должны *предусматривать* быстрое внедрение новейших достижений науки и техники. 6. Необходимо стимулировать *внедрение* новой техники в производство. 7. В программе КПСС *указы-*

вается, что в развитии народного хозяйства необходимо строго *соблюдать* пропорциональность. 8. Планирование даёт возможность найти наиболее рациональные пути увеличения производства *при наименьших затратах*. 9. Трудящиеся *овладевают* новой техникой, *овладевают* новыми методами труда. 10. В результате социалистической экономической интеграции достигается *экономия* общественного труда. 11. Директор предприятия несёт большую *ответственность*. 12. Рентабельность – *показатель* эффективности хозяйственной деятельности предприятия. 13. Предприятия заинтересованы в *разработке* новых мероприятий по улучшению условий труда.

3.1.2. Grammatische Übungen

3.1.2.1. Die Steigerung des Adjektivs (Langform; vgl. Leitfaden §§ 38–45, Sprachlehre Ziff. 72–74, 77, 79–81)

Die Langform des Adjektivs wird meist attributiv verwendet, kann aber auch prädikativ gebraucht werden.

эффективный метод
Этот метод эффективный.

eine effektive Methode
Diese Methode ist effektiv.

a) Komparativ

Der Komparativ der Langform wird durch Vorsetzen von более vor den Positiv des Adjektivs gebildet.

Новый план предусматривает *более эффективное развитие* производства.
(Der neue Plan sieht eine effektivere Entwicklung der Produktion vor.)
Более ist unveränderlich, während der Positiv mit dem zugehörigen Substantiv in Genus, Kasus und Numerus übereinstimmt.

трудная задача – более трудная задача
широкие возможности – более широкие возможности

Einige Adjektive haben eine besondere Komparativform auf -ший, die meist in feststehenden Wendungen oder Begriffen gebraucht wird.

большо́й – бо́льший
хороший – лучший
старый – старший
высокий – высший

маленький – меньший
плохой – худший
молодой – младший
низкий – низший

Vgl. высшая школа – Hochschule („höhere Schule"), aber: более высокое здание – ein höheres Gebäude

Einige dieser Formen können auch superlativische Bedeutung haben (vgl. S. 59).
„Als" nach dem Komparativ wird durch чем ausgedrückt, wobei das nominale Vergleichswort im Nominativ steht.

Это более эффективный метод, чем другой.
(Das ist eine effektivere Methode als die andere.)

b) Superlativ

Der Superlativ der Langform wird durch Vorsetzen von самый, самая, самое, самые *vor den Positiv des Adjektivs gebildet. Beide Bestandteile stimmen mit ihrem Beziehungswort in Genus, Kasus und Numerus überein.*

эффективный метод – самый эффективный метод
важная проблема – самая важная проблема

Statt mit самый *wird der Superlativ in der Schriftsprache auch mit* наиболее *gebildet; diese Form ist unveränderlich.*

наиболее эффективный метод
наиболее важная проблема

Der Superlativ der Langform kann bei vielen Adjektiven auch durch Anfügen von -ейший *an den Adjektivstamm gebildet werden.*

интересный – интереснейший
важный – важнейший
важнейшая проблема = самая (наиболее) важная проблема

Wenn der Adjektivstamm auf г, к, х *auslautet, wird* -айший *angefügt, wobei Konsonantenwechsel eintritt.*

высокий – высочайший
строгий – строжайший

Die Formen auf -ейший (-айший), *seltener die mit* самый *gebildeten Formen, können auch den sehr hohen Grad einer Eigenschaft ohne Vergleich ausdrücken (Elativ). Sie werden dann im Deutschen durch Umschreibung mit „sehr", „äußerst" o. ä. wiedergegeben.*

крупнейший учёный   ein sehr bedeutender Wissenschaftler
простейшее дело   eine ganz einfache Sache

Einige Komparativformen auf -ший *können den Superlativ durch Vorsetzen von* наи- *bilden.*

наибольший
наименьший
наилучший (neben лучший)
наихудший (neben худший)

Nicht mehr superlativische, sondern komparativische Bedeutung haben die Formen

дальнейший   weiter
позднейший   später

1. Планомерность в народном хозяйстве обеспечивает более высокие темпы развития социалистического производства. (Die Planmäßigkeit in der Volkswirtschaft garantiert ein höheres Entwicklungstempo der sozialistischen Produktion.)

2. Действие закона планомерного развития открывает социалистическому обществу возможность более эффективной организации производства и более рационального использования всех производственных ресурсов. (Das Wirken des Gesetzes der planmäßigen Entwicklung gibt der sozialistischen Gesellschaft die Möglichkeit einer effektiveren Organisation der Produktion und einer rationelleren Ausnutzung aller Produktionsressourcen.)

3. Народнохозяйственные планы должны предусматривать более быстрые темпы внедрения новейших достижений науки и техники в производство. (Die Volkswirtschaftspläne müssen ein schnelleres Tempo der Einführung neuester Errungenschaften aus Wissenschaft und Technik in die Produktion vorsehen.)

4. Важнейшим принципом хозяйствования является производство продукции при наименьших затратах. (Wichtigstes Prinzip der Wirtschaftsführung ist die Produktion der Erzeugnisse bei geringstem Aufwand.)

5. Планомерное ведение народного хозяйства – величайшее преимущество социализма перед капитализмом. (Die planmäßige Leitung der Volkswirtschaft ist ein sehr großer Vorzug des Sozialismus gegenüber dem Kapitalismus.)

6. Московский государственный университет – самый старый университет Советского Союза. (Die Moskauer Staatliche Universität ist die älteste Universität der Sowjetunion.)

7. Эрнст Тельман был крупнейшим руководителем немецкого рабочего класса. (Ernst Thälmann war ein sehr bedeutender Führer der deutschen Arbeiterklasse.)

8. Планирование даёт возможность найти наиболее рациональные пути увеличения производства. (Die Planung gibt die Möglichkeit, die rationellsten Wege zur Steigerung der Produktion zu finden.)

3.1.2.3. Formen Sie die folgenden Komparativformen in die entsprechenden Superlativformen um!

Muster: более высокие темпы развития
самые высокие темпы развития

1. более строгий учёт экономических законов социализма, 2. более эффективные методы работы, 3. более важное плановое задание, 4. более высокая производительность труда.

3.1.2.4. Übersetzen Sie die folgenden Wendungen! Nennen Sie den Positiv des betreffenden Adjektivs!

1. строжайшее соблюдение ленинских принципов,   2. лучшее применение материальных стимулов,   3. бо́льшая заинтересованность,   4. величайшее преимущество социализма,   5. наименьшие затраты.

3.1.2.5. Bilden Sie zu den in Klammern stehenden Adjektiven den Komparativ! Setzen Sie diesen in den erforderlichen Kasus! Übersetzen Sie die Sätze!

1. Надо добиться (большая) заинтересованности коллективов предприятий в разработке (высокие) плановых заданий.   2. Важной задачей является (хорошее) использование материалов.   3. Трудящиеся заинтересованы в (значительная) экономии общественного труда. 4. Планы должны учитывать (быстрые) темпы внедрения достижений науки и техники.   5. Новые планы были составлены со (строгий) учётом экономических законов.

3.1.2.6. Bilden Sie zu den in Klammern stehenden Adjektiven den Superlativ! Setzen Sie die Wortverbindungen in den erforderlichen Kasus! Übersetzen Sie die Sätze!

1. Повышение производительности труда на этом заводе явилось (трудная задача).   2. Одним из (важные принципы) социализма является принцип распределения по труду.   3. На заводе говорили о (быстрое внедрение) (новые достижения) науки и техники.   4. Основой экономического развития ГДР является (тесное сотрудничество) с СССР и другими социалистическими странами.   5. Планомерное развитие народного хозяйства является (великое преимущество) социалистической экономики.

3.1.2.7. ■ ■ Übersetzen Sie die folgenden Sätze!

1. Планирование должно опираться на всё лучшее изучение общественных потребностей, на более глубокий анализ наших экономических возможностей.   2. При социализме каждое предприятие работает для всё более полного удовлетворения потребностей всех членов общества. 3. Теснейшее сотрудничество социалистических стран обеспечивает быстрейшее развитие производства.   4. Реализация народнохозяйственных планов – самый лучший метод решения важнейших политических и экономических задач.   5. В результате хозяйственных реформ предприятия получили возможность показать бо́льшую хозяйственную инициативу.

3.1.2.8. Übersetzen Sie!

1. Die immer vollständigere Befriedigung der Bedürfnisse der Werktätigen ist das Ziel des Sozialismus. 2. Es ist notwendig, im Sozialismus eine höhere Arbeitsproduktivität als im Kapitalismus zu erreichen. 3. Man muß bessere Bedingungen für die Produktion der neuen Erzeugnisse schaffen. 4. Die neue Methode gewährleistet höchste Effektivität der Arbeit. 5. Dieses Werk hat beste Ergebnisse der Produktion bei geringstem Aufwand erreicht. 6. Die wichtigste Aufgabe ist die Einführung der neuesten Errungenschaften aus Wissenschaft und Technik.

3.1.3. Textteil

3.1.3.1. ● ● Hören und lesen Sie den Text! Übersetzen Sie!

Планирование социалистического народного хозяйства

Планирование народного хозяйства – важная экономическая функция социалистического государства. Оно охватывает производство и распределение продуктов в обществе, развитие сфер и отраслей народного хозяйства, экономических районов страны, а также организацию контроля за выполнением плановых заданий в социалистическом хозяйстве.

Плановое руководство хозяйством осуществляется на основе сознательного использования объективных законов социализма и ленинских принципов социалистического хозяйствования.

В процессе социалистического планирования общество исходит из всей системы экономических законов социализма и прежде всего сознательно использует закон планомерного, пропорционального развития народного хозяйства.

Народнохозяйственные планы должны учитывать перспективы научно-технического прогресса, предусматривать быстрые темпы внедрения и освоения новейших достижений науки и техники. При составлении планов необходимо соблюдать важнейшие принципы – строгий учёт экономических законов социализма, обеспечение пропорциональности в развитии экономики, получение максимума промышленной продукции при наименьших затратах. Вся система планирования, руководства производством и материального стимулирования должна быть направлена на обеспечение высоких темпов развития общественного производства и повышение его эффективности. Важнейшим условием достижения указанных целей является создание у коллектива предприятий заинтересованности в разработке более высоких плановых заданий, в улучшении использования производственных фондов, рабочей силы, материальных ресурсов, в совершенствовании техники, организации труда, в повышении рентабельности производства, а также в повышении ответственности каждого рабочего за выпуск продукции.

, Планирование развития народного хозяйства представляет одно из важнейших преимуществ социализма перед капитализмом. Впервые в своей истории общество овладевает условиями производства, сознательно строит и планомерно расширяет производство, достигает тем самым значительной экономии общественного труда.

3.1.3.2. ● ● Hören Sie den Text! Beantworten Sie die folgenden Fragen russisch!

1. Что является величайшим преимуществом социализма перед капиталистической системой хозяйства? 2. Какую возможность даёт планирование развития народного хозяйства? 3. Что нужно знать при составлении и выполнении планов? 4. Как социалистическое общество решает важнейшие экономические задачи? 5. Каким путём можно, по словам Ленина, достигнуть повышения уровня жизни трудящихся?

3.1.3.3. Stellen Sie die Wesenszüge der sozialistischen Planwirtschaft kurz dar! Gehen Sie dabei auf die folgenden Punkte ein!

- Was wird im Sozialismus geplant?
- Auf welchen Grundlagen beruht die Volkswirtschaftsplanung?
- Welche ökonomischen Gesetze müssen dabei berücksichtigt werden?
- Welche Ziele sollen durch die Planung erreicht werden?
- Warum ist die Planung ein Vorzug des Sozialismus?

3.2. ABSCHNITT 2

3.2.1. Einführung

3.2.1.1. Wiederholen Sie die folgenden Wörter!

организова́ть *сов. и несов.*; -зу́ю, -зу́ешь	organisieren
помо́чь *сов.*; -могу́, -мо́жешь	helfen
помога́ть	
помога́ть друг дру́гу	einander helfen
промы́шленность, -и	Industrie
ряд	Reihe
се́льское хозя́йство	Landwirtschaft
соревнова́ние	Wettbewerb
часть, -и	Teil
что́бы (+ *Inf.*)	um zu
что́бы (+ *Prät.*)	damit, daß

3.2.1.2. ● ● Hören und lesen Sie den Satz! Sprechen Sie den Satz nach! Hören Sie den Satz noch einmal!

1. Закон планомерного развития народного хозяйства возник в результате *обобществления* основных средств производства. — *Vergesellschaftung*

2. *Воспроизводство* – это производство, обмен, распределение, потребление. — *Reproduktion*

3. Закон планомерного развития народного хозяйства *требует* пропорциональности между всеми частями народного хозяйства. — *erfordert*

4. При капитализме пропорциональность между частями хозяйства постоянно *нарушается*. — *wird verletzt*

5. Одна из важнейших пропорций народного хозяйства – это пропорция между производством средств производства и производством *предметов потребления*. — *Konsumgüter*

6. К важным пропорциям относится пропорция между *наличием* трудовых ресурсов и потребностью в этих ресурсах. — *Vorhandensein*

7. Большое значение для планомерного развития народного хозяйства имеет пропорция между *накоплением* и потреблением. — *Akkumulation*

8. Рост *товарооборота* зависит от *денежных доходов* трудящихся. — *Warenumsatz, Geldeinnahmen*

9. На базе новой техники обеспечивается *непрерывный подъём* социалистического производства. — *der ununterbrochene Aufschwung*

10. Использование *передовой* техники – главный путь повышения производительности труда. — *fortgeschritten*

11. В народном хозяйстве должно быть *соответствие* между различными сторонами производства. — *Übereinstimmung*

12. В общегосударственном масштабе необходима взаимная *увязка* работы предприятий. — *Abstimmung*

13. Стихийное действие экономических законов при капитализме *неизбежно* ведёт к диспропорциям в хозяйстве. — *unvermeidlich*

3.2.1.3. Lesen Sie die neuen lexikalischen Einheiten in der Grundform!

о́бщество	Gesellschaft
обобществле́ние	Vergesellschaftung
произво́дство	Produktion
воспроизво́дство	Reproduktion
тре́бование	Forderung

требовать (чего); требую, требуешь
  требовать рента́бельности
  требовать, что́бы (+ *Prät. des Verbs*)
нару́шить *сов.*; -ру́шу, -ру́шишь
  наруша́ть
предме́ты потребле́ния
накопле́ние
дохо́д
товарооборо́т
нали́чие
соотве́тствие
  в соотве́тствии с
  в соотве́тствии с пла́ном

непреры́вный
подъём
передово́й
увя́зка
неизбе́жный

erfordern, (etw.) fordern
  Rentabilität fordern
  fordern, daß
verletzen

Konsumgüter
Akkumulation
Einnahme, Einkommen
Warenumsatz
Vorhandensein
Übereinstimmung
  in Übereinstimmung mit
  in Übereinstimmung mit dem Plan,
  planmäßig, plangemäß

ununterbrochen
Aufschwung
fortschrittlich, fortgeschritten
Abstimmung, Koordination
unvermeidlich

3.2.1.4. Lesen und vergleichen Sie!

1. подчине́ние
  подчини́ть *сов.*, подчиня́ть
  едини́ца
  еди́ный
  Развитие всех отраслей хозяйства подчинено единому плановому руководству.

  Unterordnung
  unterordnen
  Einheit
  einheitlich
  Die Entwicklung aller Zweige der Wirtschaft ist einer einheitlichen planmäßigen Leitung untergeordnet.

2. сторона́
  со стороны́
  Большая работа в области планирования проводится со стороны СЭВ.

  Seite
  seitens
  Eine große Arbeit auf dem Gebiet der Planung wird von seiten des RGW geleistet.

3. поддержа́ние
  поддержа́ть *сов.*, подде́рживать
  Сознательно поддерживаемая пропорциональность отраслей народного хозяйства характерна для социализма.

  Unterhalt
  unterhalten, aufrechterhalten

  Die bewußt aufrechterhaltene Proportionalität der Zweige der Volkswirtschaft ist für den Sozialismus charakteristisch.

4. о́бщий
  госуда́рственный
  общегосуда́рственный
  В общегосударственном масштабе осуществляется увязка работы предприятий.

  gesamt, allgemein, gemeinsam
  staatlich
  gesamtstaatlich
  Im gesamtstaatlichen Maßstab erfolgt die Abstimmung der Arbeit der Betriebe.

5. отношéние	Beziehung, Verhältnis
соотношéние	Wechselbeziehung
Важной пропорцией является соотношение между промышленностью и сельским хозяйством.	Eine wichtige Proportion ist die Wechselbeziehung zwischen der Industrie und der Landwirtschaft.
6. дéньги, дéнег *Pl.*	Geld
дéнежный	geldlich, Geld-
дéнежные дохóды	Geldeinnahmen
Важной пропорцией является пропорция между растущими денежными доходами населения и ростом товарооборота.	Eine wichtige Proportion ist die Proportion zwischen den wachsenden Geldeinnahmen der Bevölkerung und dem Wachstum des Warenumsatzes.
7. труд	Arbeit
трудовóй	Arbeits-
В ГДР имеется мало трудовых ресурсов.	Die DDR besitzt wenig Arbeitskräfteressourcen.

3.2.1.5. Lesen Sie die folgenden Internationalismen!

балáнс (Bilanz), балáнсовый, диспропóрция, координи́ровать, национáльный, органи́зм, пропóрция, реализовáть, систематизáция, систематический, структýра, элемéнт

3.2.1.6. Übersetzen Sie!

1. Экономический закон планомерного пропорционального развития народного хозяйства *требует*, чтобы в развитии отраслей общественного производства соблюдалась необходимая пропорциональность. 2. В отдельных случаях *нарушаются* предусмотренные пропорции развития народного хозяйства. 3. Важное место среди пропорций занимают те, которые выражают *соответствие* между производством и потреблением продукции в отраслях, определяющих технический прогресс. 4. Важнейшей из всех пропорций в развитии народного хозяйства, определяющей все другие пропорции и весь ход общественного производства, является пропорция между производством средств производства и производством *предметов потребления*. 5. Правильная пропорциональность между частями общественного производства зависит от целого ряда факторов. К ним относятся: достигнутый уровень развития производительных сил, *наличие* материальных ресурсов и т. д. 6. Социалистическое государство определяет для каждого периода пропорции между фондом *накопления* и фондом потребления.

7. Повышение производительности труда помогает росту *денежных доходов* населения.   8. Планирование определяет темпы роста производительности труда на основе внедрения *передовой* техники, а также структуру *товарооборота*.   9. Чтобы наши планы обеспечивали *непрерывный* и быстрый рост производства, необходимо изучать и использовать всю систему экономических законов, действующих в условиях социализма.   10. При социализме производство осуществляется планомерно для *подъёма* благосостояния народа.   11. Основным методом координации и взаимной *увязки* всех заданий народнохозяйственного плана является балансовый метод планирования.   12. Народнохозяйственное планирование как основная форма государственного руководства народным хозяйством охватывает все стороны процесса *воспроизводства*.   13. В результате *обобществления* средств производства ликвидирована эксплуатация человека человеком.   14. В процессе производства, обмена, распределения и потребления материальных благ люди *неизбежно* вступают в определённые общественные отношения между собой.

3.2.2.   Grammatische Übungen

3.2.2.1.   Das Partizip Präsens Passiv (vgl. Sprachlehre, Ziff. 210)

Das Partizip Präsens Passiv wird von den meisten unvollendeten transitiven Verben gebildet, indem man das -м der Endung der 1. Person Plural durch -мый, -мая, -мое, -мые ersetzt.

решать – решаем – решаемый
проводить – проводим – проводимый
Zum Gebrauch des Partizips Präsens Passiv
Vergleiche Partizip Präsens Aktiv, Seite 13.

a) einfaches Attribut:

1. используемый опыт	die genutzten Erfahrungen (die Erfahrungen, die genutzt werden)
2. достигаемая цель	das zu erreichende Ziel (das Ziel, das erreicht werden soll)

Ob die erste oder die zweite Übersetzungsmöglichkeit in Betracht kommt, ist im konkreten Einzelfall aus dem Kontext zu erschließen.

Beachten Sie, daß das deutsche Partizip II (Part. Prät.) mehrdeutig ist:
„die genutzten Erfahrungen" *kann bedeuten:*

– die Erfahrungen, die genutzt werden (используемый опыт)
– die Erfahrungen, die genutzt worden sind (использованный опыт)

Wenn die Übersetzung als Attribut mißverständlich ist, sollte besser ein Relativsatz verwendet werden:

читаемая книга das Buch, das gelesen wird (*bzw.* gelesen werden soll;
nicht: das gelesene Buch)

b) erweitertes Attribut (Partizipialkonstruktion):

используемый в последнее время опыт
(die in der letzten Zeit genutzten Erfahrungen)

c) isoliertes Attribut (nachgestellte Partizipialkonstruktion):

опыт, используемый в последнее время, ...
(опыт, который используется в последнее время, ...)
(die Erfahrungen, die in der letzten Zeit genutzt werden, ...)

3.2.2.2. **Lesen Sie die folgenden Sätze! Achten Sie dabei auf das Partizip Präsens Passiv und seine Übersetzung!**

1. Постоянно нарушаемая пропорциональность является характерной для капиталистического способа производства. (Die ständig gestörte Proportionalität [oder: die Proportionalität, die ständig gestört wird] ist für die kapitalistische Produktionsweise charakteristisch.)

2. В отличие от капитализма плановая социалистическая экономика характеризуется постоянно поддерживаемой пропорциональностью. (Im Unterschied zum Kapitalismus wird die sozialistische Planwirtschaft durch eine ständig aufrechterhaltene Proportionalität gekennzeichnet.)

3. Планирование есть орудие, используемое социалистическим государством при построении коммунизма. (Die Planung ist ein Werkzeug, das vom sozialistischen Staat beim Aufbau des Kommunismus genutzt wird.)

4. Высокие темпы роста, достигаемые социалистической экономикой, являются решающим фактором в экономическом соревновании с капитализмом. (Das hohe Wachstumstempo, das von der sozialistischen Wirtschaft erreicht wird, ist ein entscheidender Faktor im ökonomischen Wettbewerb mit dem Kapitalismus.)

5. Сознательное управление производством в масштабе всего общества, осуществляемое при социализме, невозможно при капитализме. (Die bewußte Leitung der Produktion im gesamtgesellschaftlichen Maßstab, die im Sozialismus verwirklicht wird, ist im Kapitalismus nicht möglich.)

3.2.2.3. **Formen Sie die nachgestellten Partizipialkonstruktionen in Relativsätze um! Übersetzen Sie die Sätze!**

Muster: План, *составляемый* в масштабе всего общества, организует и координирует деятельность миллионов людей.

План, *который составляется* в масштабе всего общества, организует и координирует деятельность миллионов людей. Der Plan, der im Maßstab der ganzen Gesellschaft aufgestellt wird, organisiert und koordiniert die Tätigkeit von Millionen Menschen.

1. В планах предусматривается, что каждое предприятие должно иметь ресурсы, *используемые* им для расширения производства. 2. Важнейшей задачей, *решаемой* в процессе социалистического планирования, является обеспечение постоянного повышения эффективности общественного производства. 3. Опыт СССР, *используемый* социалистическими государствами в области планирования, помогает этим странам в руководстве хозяйством. 4. При социализме общественный характер производства соответствует общественному распределению материальных благ, *создаваемых* трудом миллионов людей.

3.2.2.4. ■ ■ Übersetzen Sie die folgenden Sätze!

1. Цель, реализуемая рабочими завода – это повышение производительности труда на пять процентов. 2. Плановые органы должны обеспечить научную обоснованность планируемых ими заданий. 3. Большую роль в политическом, хозяйственном и культурном развитии Советского Союза играют планы, выполняемые трудящимися СССР. 4. Осуществляемые правительством мероприятия по улучшению организации руководства имеют важное значение. 5. В экономическом соревновании с капитализмом решающим фактором победы являются достигаемые в развитии социалистической экономики высокие темпы роста. 6. Пропорциональность между различными сторонами общественного производства, осуществляемая при социализме, является результатом большой работы плановых органов.

3.2.2.5. Bestimmen Sie die Partizipien! Übersetzen Sie die Sätze!

1. Координация перспективных планов, реализуемых путём выполнения текущих планов, одна из важнейших задач в процессе интеграции. 2. Определяющей чертой социалистической системы хозяйства является общественная собственность на средства производства. 3. При социализме все люди имеют право на труд, гарантированное государством. 4. Трудящиеся этого завода заинтересованы в увеличении производимого общественного продукта. 5. Закон планомерного пропорционального развития народного хозяйства требует, чтобы развитие всех отраслей было подчинено единому плановому руководству. 6. Противоречие между достигнутым в каждый данный момент уровнем производства и растущими потребностями служит сти-

мулом научно-технического прогресса.   7. ГДР отнссится к странам, перешедшим к социалистическому способу производства.

3.2.2.6.   Übersicht zu den Partizipien

	Aktiv	Passiv
Präsens	читающий книгу студент der das Buch lesende Student	читаемая книга das Buch, das gelesen wird (*oder:* das zu lesende Buch)
	студент, читающий книгу der Student, der das Buch liest	книга, читаемая студентом das Buch, das von dem Studenten gelesen wird
Präteritum	читавший книгу студент der Student, der das Buch las	прочитанная книга das gelesene Buch (das Buch, das gelesen wurde)
	студент, читавший книгу der Student, der das Buch las	книга, прочитанная студентом das Buch, das von dem Studenten gelesen wurde

3.2.3.   Textteil

3.2.3.1.   ● ●   Hören und lesen Sie den Text! Übersetzen Sie!

Закон планомерного пропорционального развития народного хозяйства
Народнохозяйственное планирование опирается на закон планомерного развития народного хозяйства (как и на другие экономические законы), возникший в результате социалистического обобществления основных средств производства.

Главное требование закона пропорционального развития народного хозяйства – планомерное развитие всего процесса воспроизводства. Этот закон требует, чтобы развитие всех отраслей хозяйства было подчинено единому плановому руководству со стороны общества, чтобы соблюдалась пропорциональность между всеми частями и элементами народного хозяйства. В отличие от постоянно нарушаемой пропорциональности, что характерно для капитализма, для социализма характерна, по определению В. И. Ленина, постоянная, сознательно поддерживаемая пропорциональность.

Важнейшими общегосударственными пропорциями являются соотношения между промышленностью и сельским хозяйством, между производством средств производства и производством предметов потребления, между накоплением и потреблением в национальном доходе, между товарооборотом и денежными доходами населения, между наличием трудовых ресурсов и потребностью в них по отраслям и др. Характер пропорций в социалистической экономике определяется прежде всего требованиями основного экономического закона социализма, необходимостью обеспечить непрерывный и быстрый подъём социалистического производства на базе передовой техники и систематическое повышение народного благосостояния.

В соответствии с действием закона планомерного развития народного хозяйства каждая отрасль, каждое производство должны создавать столько продукции, сколько необходимо на каждом этапе для удовлетворения потребностей народного хозяйства и населения. Социалистическое хозяйство страны представляет собой организм, отдельные части которого тесно связаны друг с другом, составляют неразрывное целое. Если не будет осуществлена взаимная увязка работы предприятий в общегосударственном масштабе и в общественных интересах, то неизбежно возникнут диспропорции в народном хозяйстве.

Пропорциональность или соответствие между различными сторонами общественного производства является необходимым условием развития социалистической экономики, но постоянная пропорциональность не может устанавливаться автоматически. Она определяется в результате большой работы всех плановых органов, осуществляется в ходе планомерно организуемой и направляемой производственной деятельности трудящихся.

3.2.3.2. Vervollständigen Sie die Sätze!

1. Закон планомерного пропорционального развития народного хозяйства требует, чтобы ...   2. Для капитализма характерно, что пропорциональность ...   3. В отличие от этого для социализма, по словам В. И. Ленина, характерна ...   4. Постоянная пропорциональность осуществляется ...   5. Одной из важнейших пропорций в развитии экономики социалистического государства является ...   6. Характер пропорций в социалистической экономике определяется ...

3.2.3.3. ● ● Hören Sie den Text! Geben Sie danach den Inhalt schriftlich in deutscher Sprache wieder!

3.2.3.4. Übersetzen Sie!

Einer der wichtigsten Vorzüge des Sozialismus ist die planmäßige Entwicklung der Wirtschaft. Die planmäßige Entwicklung der Produktivkräfte und der Produktionsverhältnisse der sozialistischen Gesellschaft ist ein ökonomisches Gesetz des Sozialismus. Ein sehr wichtiges Merkmal des Gesetzes der planmäßigen proportionalen Entwicklung der Volkswirtschaft ist die Übereinstimmung zwischen den verschiedenen Zweigen der Produktion. Die Proportionalität in der sozialistischen Wirtschaft dient der vollständigen Durchsetzung (осуществление) des ökonomischen Grundgesetzes des Sozialismus. Gesellschaftliche Produktion erfordert eine bestimmte Proportionalität. Unter den Bedingungen des Kapitalismus werden die notwendigen Proportionen zwischen den verschiedenen Teilen der Wirtschaft ständig verletzt.

3.3.   ABSCHNITT 3

3.3.1.   Einführung

3.3.1.1.   Wiederholen Sie die folgenden Wörter!

бу́дущее	Zukunft
в бу́дущем	in (der) Zukunft
вме́сте с тем	zugleich, gleichzeitig
вы́ступить *сов.*, вы́ступлю, -сту́пишь	eintreten (für etw.)
выступа́ть	
выступа́ть за мир	für den Frieden eintreten
дли́тельный	lang, langandauernd
кру́пный	groß, bedeutend
наприме́р	zum Beispiel
обяза́тельный	obligatorisch
предвари́тельный	vorläufig, vorhergehend
приро́дный	natürlich, Natur-
приро́дные ресу́рсы	Naturressourcen
прове́рить *сов.*; -ве́рю, -ве́ришь	kontrollieren, prüfen
проверя́ть	
реше́ние	Lösung; Beschluß; Entscheidung
содержа́ться; соде́ржится, -де́ржатся	enthalten sein; ist (sind) enthalten
съезд	Kongreß
съезд па́ртии	Parteitag
утверди́ть *сов.*; -твержу́, -тверди́шь	bestätigen
утвержда́ть	

3.3.1.2.   ● ● Hören und lesen Sie den Satz! Sprechen Sie den Satz nach! Hören Sie den Satz noch einmal!

1. Существуют перспективные и *текущие* планы.   *laufende*
2. Перспективные планы *рассчитаны* на несколько лет.   *sind berechnet*
3. *Объём* продукции, производимой предприятием, определяется Государственной плановой комиссией.   *Umfang*
4. В перспективных планах определяется объём *капитальных вложений*.   *Investitionen*

72

5. В директивах определяются экономические, социальные и политические задачи на *предстоящий*
период.   *bevorstehend*

6. Процесс составления народнохозяйственного пла-
на осуществляется *снизу вверх* и *сверху вниз*.   *von unten nach
oben; von oben
nach unten*

7. Задачи, *намеченные* перспективным планом, были   *vorgesehen*
реализованы в процессе выполнения текущих пла-
нов.

8. Каждый текущий план должен быть органическим
продолжением *предыдущего* плана.   *vorangegangen*

9. Перспективные и текущие планы обязательны для
исполнения.   *Durchführung*

10. Для составления перспективных планов необходимо большое число различных *данных*.   *Angaben*

3.3.1.3.   **Lesen Sie die neuen lexikalischen Einheiten in der Grundform!**

теку́щий	laufend
рассчита́ть *сов.*	berechnen
рассчи́тывать	
объём	Umfang, Volumen
капита́льные вложе́ния (= капитало-
вложе́ния)	Investitionen, Kapitalanlagen
предстоя́щий	bevorstehend
сни́зу	von unten
све́рху	von oben
вниз	nach unten
вверх	nach oben
наме́тить *сов.*; -ме́чу, -ме́тишь
намеча́ть	vorsehen, planen
предыду́щий	vorangegangen
исполне́ние	Durchführung, Erfüllung
да́нные	Angaben, Daten
обрабо́тка да́нных	Datenverarbeitung

3.3.1.4.   **Lesen und vergleichen Sie!**

1. перспекти́ва	Perspektive
перспекти́вный	Perspektiv-
Перспективные планы играют
ведущую роль в планировании
народного хозяйства.	Die Perspektivpläne spielen eine
führende Rolle bei der Planung der
Volkswirtschaft.
2. напра́вить *сов.*, направля́ть	richten, lenken
направле́ние	Richtung
Коммунистические и рабочие	Die kommunistischen und Arbeiter-

партии разрабатывают основные направления развития экономики своих стран.

parteien arbeiten die Grundrichtungen der Entwicklung der Wirtschaft ihrer Länder aus.

3. осуществи́ть *сов.*, осуществля́ть осуществле́ние
В статье говорится об осуществлении планов по совершенствованию руководства народным хозяйством.

verwirklichen, realisieren
Verwirklichung, Realisierung
Im Artikel handelt es sich um die Verwirklichung von Plänen zur Vervollkommnung der Leitung der Volkswirtschaft.

4. пять лет
пятиле́тний
Директивы партии и правительства являются основой для составления пятилетних планов.

fünf Jahre
Fünfjahr-
Die Direktiven von Partei und Regierung sind die Grundlage für die Aufstellung der Fünfjahrpläne.

5. год
годово́й
Годовой план является определённым этапом в выполнении перспективного плана.

Jahr
jährlich, Jahres-
Der Jahresplan ist eine bestimmte Etappe bei der Erfüllung des Perspektivplans.

6. продо́лжить *сов.*, продолжа́ть продолже́ние
Каждый новый народнохозяйственный план должен быть продолжением предыдущего плана.

fortsetzen
Fortsetzung
Jeder neue Volkswirtschaftsplan muß die Fortsetzung des vorangegangenen Planes sein.

7. пра́вильный
пра́вильность
Правильность каждой теории проверяется на практике.

richtig
Richtigkeit
Die Richtigkeit einer jeden Theorie wird an der Praxis überprüft.

8. исходи́ть
исхо́дный
Природные ресурсы и основные направления технического прогресса – это исходные данные для составления перспективных планов.

ausgehen
Ausgangs-
Die natürlichen Ressourcen und die grundlegenden Richtungen des technischen Fortschritts sind die Ausgangsdaten für die Aufstellung der Perspektivpläne.

3.3.1.5. **Lesen Sie die folgenden Internationalismen!**

аспе́кт (Aspekt, Gesichtspunkt), дина́мика, директи́ва, директи́вный (richtungweisend, Direktiv-), контро́ль, контроли́ровать, комбина́т, координа́ция, органи́ческий, пери́од, пра́ктика, пре́мия, прогно́з, прогнози́рование (Prognostizierung), реконстру́кция, социа́льный

1. Для различных периодов, на которые разрабатываются задания, существуют перспективные и *текущие* планы. 2. Перспективные планы реализуются в процессе выполнения *текущих* планов, *рассчитанных* на один год.   3. Уже в перспективных планах планируется объём *капитальных вложений*. 4. Для того чтобы дать плану научную основу, необходимы определённые *данные*. 5. Государственные планы, которые определяют задания по росту производства и повышению уровня жизни трудящихся, обязательны для *исполнения*. 6. Уже в *предыдущие* годы была *намечена* и проведена координация народнохозяйственных планов. 7. Текущие планы разрабатываются на *предстоящий* год. 8. Практика составления планов народного хозяйства имеет два направления: *снизу вверх и сверху вниз*.

3.3.2.   Grammatische Übungen

3.3.2.1.   Die Kurzform des Adjektivs und ihre Steigerung (vgl. Leitfaden, §§ 40, 44; Sprachlehre, Ziff. 75, 76, 78, 82–85)

Die Kurzform des Adjektivs wird ausschließlich in prädikativer Funktion gebraucht, das heißt, sie bildet das Prädikat des Satzes. Sie ist nicht deklinierbar und wird nur nach Genus und Numerus verändert.

Этот вопрос важен.	Diese Frage ist wichtig.
Лекции по политэкономии интересны.	Die Vorlesungen in Politökonomie sind interessant.

Die sächliche Kurzform auf -o und -e kann auch als Adverb auftreten.

Производство быстро растёт.	Die Produktion wächst schnell.
Нужно, всесторонне развивать народное хозяйство.	Es ist nötig, die Volkswirtschaft allseitig zu entwickeln.

Auch die Kurzformen können gesteigert werden.

Komparativ

Der Komparativ der Kurzform wird gebildet:

a) *durch Anhängen des Suffixes -ee an den Stamm:*

Positiv der Langform	Positiv der Kurzform	Komparativ der Kurzform	
новый, -ая, -ое, -ые	нов, нова́, но́во, но́вы	нове́е	neuer
интересный, -ая, -ое, -ые	интере́сен, интере́сна, интере́сно, интере́сны	интере́снее	interessanter

b) *durch Anhängen des Suffixes -e an Stämme, die auf г, к, х, д, т, ст aus-*
lauten. Dabei tritt Konsonantenwechsel ein:

Positiv der Kurzform	*Komparativ der Kurzform*	
до́рог, дорога́, до́рого, до́роги	доро́же	teurer
лёгок, легка́, легко́, легки́	ле́гче	leichter
прост, проста́, про́сто, просты́	про́ще	einfacher

Die komparative Kurzform gilt für alle Genera und Numeri und ist unveränder-
lich.

Der Vergleich nach der komparativen Kurzform kann außer durch чем auch
durch den bloßen Genitiv des Vergleichswortes ausgedrückt werden.

Первая задача трудне́е, чем втора́я. (Die erste Aufgabe ist schwieriger
als die zweite.)
Но́вые маши́ны доро́же, но лу́чше ста́рых. (Die neuen Maschinen sind
teurer, aber besser als die alten.)

Einige Adjektive werden unregelmäßig gesteigert; die wichtigsten davon sind:

Positiv (Kurzform)	*Komparativ (Kurzform)*	
мал, мала́, мало́, малы́	ме́ньше	kleiner
высо́к, высока́, высоко́, высоки́	вы́ше	höher
ни́зок, низка́, ни́зко, ни́зки	ни́же	niedriger
стар, стара́, ста́ро, ста́ры	ста́рше	älter
мо́лод, молода́, мо́лодо, молоды́	моло́же	jünger
широ́к, широка́, широко́, широки́	ши́ре	breiter
дёшев, дешева́, дёшево, дёшевы	дешёвле	billiger
(вели́к, велика́, велико́, вели́кий) zu		
большо́й	бо́льше	größer
хоро́ш, хороша́, хорошо́, хоро́ший	лу́чше	besser
плох, плоха́, пло́хо, пло́хи	ху́же	schlechter

Superlativ

Der Superlativ der Kurzform des Adjektivs wird gebildet, indem man zu dem
Komparativ всего (bei allgemeinem Vergleich) oder всех (bei Vergleich
innerhalb der Gattung) hinzufügt.

Это лу́чше всего́.   Das ist am besten (= besser als alles).
Этот студе́нт лу́чше всех.   Dieser Student ist der beste
                (= besser als alle anderen Studen-
                ten).

Die Steigerungsformen der Adverbien auf -o und -e stimmen mit den Steige-
rungsformen der sächlichen Adjektive überein.

На́ша брига́да рабо́тает лу́чше, чем ва́ша.
Unsere Brigade arbeitet besser als eure. (*Komparativ des Adverbs*)

Наша фабрика работает лучше всех.
Unsere Fabrik arbeitet am besten. (*Superlativ des Adverbs*)

Merke: всё (*beim Komparativ*)   immer
всё быстрее   immer schneller
как можно скорее   möglichst bald, so schnell wie möglich

3.3.2.2.   Lesen und vergleichen Sie die folgenden Sätze! Achten Sie dabei auf die gesteigerte Kurzform des Adjektivs bzw. Adverbs!

1. Задача всё полнее удовлетворять потребности трудящихся очень важна. (Die Aufgabe, die Bedürfnisse der Werktätigen immer vollständiger zu befriedigen, ist sehr wichtig.)
2. Товары, производимые новым заводом, дешевле, но не хуже, чем другие. (Die Waren, die in dem neuen Werk produziert werden, sind billiger, aber nicht schlechter als andere.)
3. Фабрика получила новое оборудование, чтобы лучше выполнить план. (Die Fabrik erhielt neue Ausrüstungen, um den Plan besser zu erfüllen.)
4. Быстрее всего надо повышать производительность труда. (Am schnellsten muß die Arbeitsproduktivität gesteigert werden.)
5. Темпы увеличения промышленного производства в социалистических странах выше всего. (Das Steigerungstempo der Industrieproduktion ist in den sozialistischen Ländern am höchsten.)

3.3.2.3.   Bilden Sie von den in den folgenden Wortverbindungen enthaltenen Adjektiven den Komparativ und den Superlativ der Kurzform!

Muster: высокие темпы роста – темпы роста выше (*Komparativ*)
                          – темпы роста выше всего (*Superlativ*)

1. важная отрасль народного хозяйства,   2. низкие затраты общественного труда,   3. дешёвые товары хорошего качества,   4. хорошие возможности развития экономики,   5. эффективные методы труда, 6. большой рост темпов развития.

3.3.2.4.   ■ ■   Übersetzen Sie die folgenden Sätze!

1. Система планового руководства экономикой должна постоянно совершенствоваться, чтобы легче было решать новые задачи производства.   2. Необходимо шире использовать новые методы, быстрее создавать автоматизированные системы управления.   3. Трудящиеся, которые работали лучше всех, получили премии.   4. Наша бригада работала эффективнее всех и достигла больших успехов.   5. Возможности повысить эффективность производства при использовании новых машин в этом году больше, чем в прошлом году.

Übersetzen Sie! Achten Sie dabei auf die Partizipien!

Для планового руководства народным хозяйством необходимы научно обоснованные планы. Предварительный этап планирования – прогноз. Прогноз должен определить исходные данные для составления перспективных планов, рассчитанных на несколько лет. Перспективные планы играют ведущую роль в планировании. В перспективных планах определяется, например, объём и направление капитальных вложений. Основа этих планов – директивы, разработанные партией и правительством и утверждённые съездами партии. В директивах содержатся главные задачи страны на предстоящий период. Определённым этапом в решении задач, намеченных перспективным планом, является текущий план. Каждый текущий план должен быть органическим продолжением предыдущего плана.

Перспективные и текущие планы обязательны для исполнения. Планы должны обеспечивать пропорциональность между всеми частями народного хозяйства. Постоянная пропорциональность осуществляется в ходе планомерно организуемой и направляемой производственной деятельности трудящихся. Трудящиеся, выполнившие производственный план, получают премии, являющиеся стимулом для повышения производительности труда.

3.3.3.   Textteil

3.3.3.1.   ● ● Hören und lesen Sie den Text! Übersetzen Sie!

Роль перспективного планирования и прогнозирования

В практике планового руководства народным хозяйством используется два вида планов – перспективный и текущий. Ведущую роль в планировании играют перспективные планы, рассчитанные на несколько лет и мобилизующие трудящихся на решение коренных задач социалистического сотрудничества. В перспективных планах определяются темпы и пропорции в развитии социалистического производства, объём и направление капитальных вложений по отраслям, предусматривается создание новых промышленных центров, крупных предприятий, осуществление технической реконструкции различных отраслей и предприятий.

Основой для составления каждого перспективного (пятилетнего) народнохозяйственного плана служат директивы, разработанные партией и правительством и утверждённые съездами партии. В этих директивах содержатся главные экономические, социальные и политические задачи страны на предстоящий период.

На основе директив плановые органы разрабатывают конкретные планы развития народного хозяйства в целом, планы отдельных отраслей, комбинатов и предприятий. При этом процесс составления народнохозяйственного плана имеет два направления – снизу вверх и сверху вниз.

Перспективные планы реализуются путём составления и выполнения текущих (годовых) планов, которые являются определёнными этапами в решении задач, намеченных перспективным планом. Поэтому каждый новый план должен быть органическим продолжением предыдущего плана. Вместе с тем при помощи текущих планов контролируется не только ход выполнения перспективного плана, но и правильность определённых в нём заданий.

Перспективные и текущие планы носят директивный характер и обязательны для исполнения. До определения директивных плановых заданий необходимо изучить достигнутый уровень развития, а также возможные темпы, пропорции, направления в развитии общественного производства в будущем. Эта задача решается путём научного прогнозирования развития экономики на длительный период (например, до 2000 года). Прогноз – предварительный этап планирования – должен определить структуру трудовых ресурсов, природные ресурсы, которые могут быть использованы в производстве, основные направления технического прогресса и другие исходные данные для составления перспективных планов.

3.3.3.2. Übersetzen Sie die folgenden Wortverbindungen!

1. Die Hauptaufgabe des Landes für die bevorstehende Periode bestimmen, 2. als Grundlage für die Aufstellung des Planes dienen, 3. der Plan ist für einige Jahre berechnet, 4. eine führende Rolle spielen, 5. den Umfang und die Richtungen der Investitionen bestimmen, 6. die Schaffung neuer Industriezentren vorsehen, 7. die organische Fortsetzung des vorangegangenen Planes, 8. die Richtigkeit der festgelegten Aufgaben kontrollieren, 9. die der Planung vorausgehende Etappe, 10. die Ausgangsdaten festlegen.

3.3.3.3. Übersetzen Sie die Fragen! Antworten Sie russisch unter Verwendung der in Klammern stehenden Wendungen!

1. Welche Bedeutung haben die Direktiven, die von Partei und Regierung ausgearbeitet und von den Parteitagen bestätigt wurden? (Hauptaufgaben enthalten; als Grundlage dienen; Perspektivpläne ausarbeiten)
2. Für welche Periode werden die Perspektivpläne ausgearbeitet? (für einige Jahre ausarbeiten; die führende Rolle spielen)
3. Was wird im Perspektivplan festgelegt? (Tempo und Proportionen, Umfang der Investitionen; die Schaffung neuer Betriebe vorsehen)

4. Wie werden die Perspektivpläne realisiert? (Aufstellung und Erfüllung der Jahrespläne)
5. Was können Sie über die Jahrespläne sagen? (eine bestimmte Etappe; Erfüllung des Perspektivplans und Richtigkeit der Aufgaben kontrollieren)
6. Welche Aufgaben löst die Prognose? (Tempo und Proportionen, Veränderungen, Hauptrichtungen des technischen Fortschritts festlegen)

3.3.3.4. ● ● **Hören Sie den Text! Geben Sie danach den Inhalt in deutscher Sprache wieder!**

3.3.3.5. **Übersetzen Sie mit Hilfe des Wörterbuchs!**

План – главный инструмент реализации экономической политики партии

В системе управления экономическими и социальными процессами в социалистическом обществе центральное место и ведущая роль принадлежат планированию. Планирование – одно из важнейших научных и социальных завоеваний XX века и революционной практики преобразования общественной жизни. Чем совершеннее планирование, тем полнее раскрываются преимущества социалистического строя и тем выше темпы общественного прогресса. Учитывая роль планирования в социалистическом обществе, нетрудно понять и то огромное значение, которое играют пятилетние планы в осуществлении экономической стратегии, выработанной съездами партии. Предстоит усилить ориентацию плана на решение социальных задач, на использование интенсивных факторов, обеспечить полную и надёжную сбалансированность в развитии народного хозяйства, постепенную ликвидацию узких мест.

Особую ответственность за разработку пятилетних планов Советского Союза несут центральные плановые, финансовые и хозяйственные органы, прежде всего Госплан СССР – главный экономический штаб страны. После определения главной задачи и основных параметров пятилетнего плана решающее значение приобретает достижение полной и эффективной сбалансированности его заданий.

Дело в том, что план только тогда выступает могущественным рычагом развития экономики, когда все его задания полностью согласованы друг с другом, когда в нём заложена программа сбалансированного развития всех звеньев народнохозяйственного комплекса страны. Отсутствие устойчивой сбалансированности сдерживает повышение эффективности производства и использование интенсивных факторов роста, оно отрицательно влияет на процесс специализации производства. В настоящее время сбалансированность общественного производства может быть достигнута только в результате последовательной ориентации на интенсивные методы. Путь к этому – планомерное снижение затрат материальных, природных, трудовых и финансовых ресурсов. Это можно обеспечить на основе широкого использования в планировании системы норм и нормативов, учитывающих новейшие достижения науки и техники и передовой опыт хозяйствования.

Задача состоит в том, чтобы поднять уровень планирования и хозяйствования, привести их в соответствие с требованиями этапа развитого социализма, добиться значительного повышения эффективности общественного производства, ускорения научно-технического прогресса и роста производительности труда, улучшения качества продукции, и на этой основе обеспечить неуклонный подъём экономики страны и благосостояния народа.

3.3.3.6. Sprechen Sie unter Benutzung der deutschen Stichpunkte zu den folgenden Themen!

1. Важные принципы составления народнохозяйственных планов. (ökonomische Gesetze; Proportionalität; Maximum an Produkten bei geringstem Aufwand; wissenschaftlich-technischer Fortschritt; Einführung der neuesten Errungenschaften der Wissenschaft und Technik)
2. Цель планирования при социализме и пути её достижения. (hohes Entwicklungstempo der Produktion; Erhöhung der Effektivität; Werktätige für hohe Produktionsergebnisse interessieren; bessere Ausnutzung der Arbeitszeit und der Grundfonds; Vervollkommnung der Technik; Erhöhung der Verantwortung jedes Arbeiters)
3. Требования закона пропорционального развития народного хозяйства. (planmäßige Entwicklung des Reproduktionsprozesses; Entwicklung aller Zweige der planmäßigen Leitung unterordnen; Einhaltung der Proportionalität)
4. Роль перспективных планов в планировании и их реализация в руководстве народным хозяйством. (führende Rolle; für einige Jahre berechnet; Tempo und Proportionen bei der Entwicklung der Produktion; Investitionen; Schaffung neuer Industriezentren und Betriebe; Rekonstruktion von Zweigen; Grundlage sind Direktiven; Realisierung durch Jahrespläne; Richtigkeit der vorgesehenen Aufgaben kontrollieren)
5. Задачи прогноза. (Untersuchung der möglichen Entwicklung der Produktion; Tempo und Proportionen; Veränderungen; Hauptrichtungen des technischen Fortschritts; Voretappe der Planung)

4. ГДР – высокоразвитая индустриальная страна

4.1. ABSCHNITT 1

4.1.1. Einführung

4.1.1.1. Wiederholen Sie die folgenden Wörter!

бога́тство	Reichtum
верфь, -и	Werft
животново́дство	Viehzucht, Viehwirtschaft
изве́стный	bekannt
ка́менный у́голь	Steinkohle
лёгкая промы́шленность	Leichtindustrie
машинострое́ние	Maschinenbau
нефть, -и	Erdöl
потре́бность в не́фти	Bedarf an Erdöl
нефтепрово́д	Erdölleitung
оборо́на	Verteidigung
о́круг	Bezirk
после́дний	letzter
руда́	Erz
желе́зная руда́	Eisenerz
среди́ (чего)	unter, inmitten
среди́ фа́кторов	unter den Faktoren
су́дно, *Pl.* суда́, -о́в	Schiff
судострое́ние	Schiffbau
успе́шный	erfolgreich

4.1.1.2. ● ● Hören und lesen Sie den Satz! Sprechen Sie den Satz nach! Hören Sie den Satz noch einmal!

1. Германская Демократическая Республика – социалистическое государство рабочих и *крестьян*. *Bauern*

2. ГДР – *страна-участница Варшавского договора*. *Mitgliedsland des Warschauer Vertrages*

3. Наша республика *обладает* развитой промышленностью. *besitzt*

4. ГДР *входит в число* десяти наиболее развитых промышленных стран мира. *gehört zu*

82

5. В *топливно-энергетическом балансе* осуществляются крупные *сдвиги*. *Brennstoff- und Energiebilanz Veränderungen*

6. *Поставки* советской нефти и газа изменяют структуру народного хозяйства ГДР. *Lieferungen*

7. В *сырьевом балансе* осуществляются значительные сдвиги. *Rohstoffbilanz*

8. За последние годы быстро развивалось *приборостроение*. *Gerätebau*

9. ГДР получает из Советского Союза крупные *заказы* на суда. *Aufträge*

10. В ГДР мало *полезных ископаемых*. *Bodenschätze*

11. Главное богатство ГДР – *бурый уголь*. *Braunkohle*

12. По *добыче* бурого угля наша республика занимает первое место в мире. *Förderung*

13. *Запасы* нефти в ГДР незначительны. *Vorräte*

14. ГДР обладает также значительными запасами *калийных солей*. *Kalisalze*

15. По производству *чистого* калия ГДР занимает ведущее место в мире. *rein*

16. В ГДР есть *месторождения* различных руд. *Vorkommen*

17. Месторождения *медных* руд *имеются* в округе Галле. *Kupfer-; sind vorhanden*

18. Сельское хозяйство Германской Демократической Республики *обеспечивает* население сельскохозяйственными продуктами. *versorgt*

19. Успехи в экономическом строительстве ГДР служат хорошей основой для *укрепления* республики. *Festigung*

4.1.1.3. Lesen Sie die neuen lexikalischen Einheiten in der Grundform!

крестья́нин, *Pl.* крестья́не, крестья́н	Bauer
Варша́вский догово́р	Warschauer Vertrag
облада́ть (чем)	(etw.) besitzen
облада́ть ресу́рсами	Ressourcen besitzen
входи́ть в (число́)	gehören zu
входи́ть в СЭВ	dem RGW angehören
входи́ть в число́ промы́шленных стран	zu den Industrieländern gehören
сдвиг	Veränderung
то́пливно-энергети́ческий бала́нс	Brennstoff- und Energiebilanz
поста́вка	Lieferung
поста́вить *сов.*; -ста́влю, -ста́вишь	liefern
поставля́ть	
сырьё (*nur Sing.*)	Rohstoff(e)
мно́го сырья́	viele Rohstoffe, umfangreiche Rohstoffvorkommen
сырьево́й бала́нс	Rohstoffbilanz

прибóр	Gerät
приборостроéние	Gerätebau
закáз	Auftrag
полéзные ископáемые (*nur Pl.*)	Bodenschätze
бýрый ýголь	Braunkohle
добы́ча	Förderung
добы́ча бýрого ýгля	Braunkohleförderung
запáс	Vorrat
калúйная соль	Kalisalz
чúстый	rein
месторождéние	Vorkommen
имéется, имéются	ist, sind vorhanden
медь, -и	Kupfer
мéдный	kupfern, Kupfer-
обеспéчить *сов.* (чем)	versorgen (mit etw.)
обеспéчивать	
обеспéчивать мя́сом	mit Fleisch versorgen
укреплéние	Festigung

4.1.1.4. Lesen und vergleichen Sie!

1. учáствовать	teilnehmen
учáстник, учáстница	Teilnehmer, Teilnehmerin
ГДР – странá-участница	Die DDR ist Mitgliedsland des
Варшáвского договóра.	Warschauer Vertrages.
2. благодарúть	danken
благодаря́	dank
Судострóение получúло раз-	Der Schiffbau entwickelte sich
вúтие благодаря́ крупным	(erfuhr eine Entwicklung) dank
совéтским закáзам.	großen sowjetischen Aufträgen.
3. пúща	Nahrung, Speise
пищевóй	Nahrungsmittel-
Большýю роль в нарóдном	Eine große Rolle in der Volkswirt-
хозя́йстве ГДР игрáет пищевáя	schaft der DDR spielt die
промы́шленность.	Nahrungsgüterindustrie.
4. судострóение	Schiffbau
судострóительный	Schiffbau-
Крýпные судострóительные	Große Schiffswerften gibt es in
вéрфи имéются в Ростóке и	Rostock und Warnemünde.
Варнемю́нде.	
5. пóлный	voll
пóлностью	vollständig
Сéльское хозя́йство ГДР пóл-	Die Landwirtschaft der DDR ver-
ностью обеспéчивает населéние	sorgt die Bevölkerung vollständig
необходúмыми продýктами.	mit den notwendigen Nahrungs-
	mitteln.

6. высо́кий	hoch
развито́й	entwickelt
высокора́звитый	hochentwickelt
ГДР обладает высокоразвитой	Die DDR verfügt über eine hoch-
промышленностью.	entwickelte Industrie.

4.1.1.5. Lesen Sie die folgenden Internationalismen!

директи́ва по пла́ну (Plandirektive), индустриа́льный, конте́йнер, кон-
те́йнерный, коопера́ция (Kooperation), коопери́рование (Kooperations-
tätigkeit), ни́кель, о́птика, партнёр, в ра́мках, рационализа́ция, струк-
ту́ра, структу́рный (strukturell), электро́ника, электроте́хника, энергети́-
ческий (energetisch, Energie-)

4.1.1.6. Übersetzen Sie!

1. В университетах капиталистических стран учится мало детей рабочих и *крестьян*. 2. *Варшавский договор* – это договор о дружбе, сотрудничестве, взаимопомощи и обороне. 3. ГДР получила возможность развивать химическую промышленность благодаря растущим
поставкам нефти по нефтепроводу „Дружба“. 4. Чтобы работали
фабрики, заводы, электростанции, нужны *полезные ископаемые* –
нефть, уголь, металлы и многое другое. 5. *Месторождения* бурого
угля в ГДР находятся главным образом в трёх округах – Лейпциг,
Котбус, Га́лле. 6. В ГДР осуществляется переход химической промышленности на новую *сырьевую* базу. 7. Народное хозяйство стран,
входящих в СЭВ, в последние годы развивается быстрее, чем экономика развитых капиталистических стран. 8. *Калийные соли* являются
важным сырьём для химической промышленности. 9. По производству *чистого* калия ГДР занимает значительное место в мире. 10. Комплексная рационализация производства в промышленности включает
прогрессивные *сдвиги* в энергетическом хозяйстве. 11. По *запасам* таких важных полезных ископаемых, как уголь, медь, никель, цинк и другие, Советскому Союзу принадлежит первое место в мире. 12. Советские *заказы* на строительство судов помогли в значительной мере развитию судостроения в ГДР. 13. *Добыча* нефти в ГДР осуществляется
в незначительном количестве. 14. Благодаря высокоразвитому сельскому хозяйству, население ГДР может быть *обеспечено* необходи-
мыми продуктами. 15. Успехи в промышленности – это результат
работы высококвалифицированных рабочих и специалистов, *обладаю-
щих* производственным и научным опытом. 16. Достижения в науке
и технике оказывают воздействие на *укрепление* экономики социалистических стран. 17. За последние годы в народном хозяйстве ГДР

были прогрессивные структурные *сдвиги* (например, быстрое развитие электроники, *приборостроения*, электротехники и т. д.).

4.1.2. Grammatische Übungen

4.1.2.1. Die Präposition по

Die Präposition no wird in Verbindung mit dem Dativ in zahlreichen Bedeutungen gebraucht.

a) *In räumlichem Gebrauch bedeutet no „durch, entlang, auf":*

по нефтепроводу „Дружба"	durch die Erdölleitung „Freundschaft"
разговор по телефону	Telefongespräch (Gespräch durchs Telefon)
идти по улице	die Straße entlang gehen

b) *Die Präposition no entspricht auch den deutschen Präpositionen „gemäß, nach, laut, in bezug auf":*

работать по плану	nach einem Plan arbeiten
распределение по труду	Verteilung nach der Leistung
по объёму промышленной продукции	dem Umfang der Industrieproduktion nach
по добыче нефти	der Erdölförderung nach

c) *Die Präposition no bezeichnet die Ursache oder den Beweggrund einer Handlung. Im Deutschen kann hier meist die Präposition „auf" verwendet werden:*

по приглашению	auf Einladung
по инициативе	auf Initiative
по желанию	auf Wunsch

d) *По kann mit der Präposition „für" übersetzt werden:*

специалист по вопросам добычи бурого угля	Fachmann für (Fragen der) Braunkohleförderung
комиссия по химической промышленности	Kommission für Chemieindustrie
комитет по ...	Komitee für ...
план по добыче нефти	Plan für die Erdölförderung

4.1.2.2. Lesen Sie die folgenden Sätze! Achten Sie dabei auf die Übersetzung der Präposition по!

1. По объёму промышленной продукции ГДР входит в число десяти наиболее развитых промышленных стран мира. (Nach dem Umfang

der Industrieproduktion gehört die DDR zu den zehn höchstentwickelten Industrieländern der Welt.)

2. По нефтепроводу „Дружба" ГДР получает из Советского Союза нефть для использования в химической промышленности. (Durch die Erdölleitung „Freundschaft" erhält die DDR Erdöl zur Verwendung in der chemischen Industrie.)

3. Рабочие выполнили план по добыче бурого угля. (Die Arbeiter erfüllten den Plan für die Braunkohleförderung.)

4. Распределение по труду – это экономический закон социализма. (Die Verteilung nach der Leistung ist ein ökonomisches Gesetz des Sozialismus.)

5. По инициативе рабочих был составлен новый план. (Auf Initiative der Arbeiter wurde ein neuer Plan aufgestellt.)

6. В рамках СЭВ работает Постоянная комиссия по экономическим вопросам. (Im RGW arbeitet die Ständige Kommission für Wirtschaftsfragen.)

4.1.2.3. **Bilden Sie Sätze nach folgendem Muster! Übersetzen Sie die Sätze!**

Muster: ГДР занимает первое
место в мире ...   добыча – бурый уголь
ГДР занимает первое
место в мире по добыче
бурого угля.

1. ГДР стоит на одном из первых
мест в мире ...   производство – чистый калий
2. ... наша республика зани   строительство – контейнерные
мает ведущее место в миро   суда
вом судостроении.
3. ... ГДР входит в число наи   объём – промышленная проболее развитых промышлен   дукция
ных стран мира.
4. В Йене находятся заводы ...   производство – оптические
приборы
5. ... одной из важнейших   пятилетний план
задач является использование
всех ресурсов.
6. Колхоз выполнил план ...   производство – мясо, масло,
молоко

4.1.2.4. ■ ■ **Übersetzen Sie die folgenden Sätze!**

1. По пятилетнему плану предусмотрено повышение производства оборудования для промышленности. 2. Постоянная комиссия СЭВ по химической промышленности находится в городе Галле. 3. ГДР

успешно идёт по пути социалистического развития.   4. На верфях строятся суда, стоящие по качеству на одном из первых мест.   5. По заказам СССР и других социалистических стран в Ростоке строятся суда.   6. По нефтепроводу „Дружба" каждый год идёт из Советского Союза в Венгрию, Польшу, ГДР и Чехословакию более 20 миллионов тонн нефти.

4.1.3.   Textteil

4.1.3.1.   ● ● Hören und lesen Sie den Text! Übersetzen Sie!

Германская Демократическая Республика

Германская Демократическая Республика – первое государство рабочих и крестьян на немецкой земле. Она была основана 7 октября 1949 года. ГДР – страна-участница Варшавского договора, член Совета Экономической Взаимопомощи. Республика обладает высокоразвитой промышленностью и сельским хозяйством. По объёму промышленной продукции республика входит в число десяти наиболее развитых индустриальных стран мира.

Ведущая отрасль промышленности – машиностроение, продукция которого составляет основу экспорта ГДР в Советский Союз. Важное место в народном хозяйстве ГДР занимает химическая промышленность. Благодаря растущим поставкам советской нефти и газа, ГДР имеет возможность осуществить крупные структурные сдвиги в топливно-энергетическом и сырьевом балансе. В пятилетнем плане развития народного хозяйства ГДР указывается, что кооперация с СССР в химической промышленности, в машиностроении и судостроении имеет решающее значение для развития народного хозяйства.

За последние годы быстро развивались электроника, приборостроение, электротехника. Большую роль в народном хозяйстве ГДР играют лёгкая и пищевая промышленность. Судостроение – одна из новых отраслей промышленности ГДР, получившая своё развитие благодаря крупным советским заказам. ГДР является крупным партнёром СССР в судостроении. Крупные судостроительные верфи имеются в Ростоке, Варнемюнде, Висмаре, Штральзунде.

В ГДР мало полезных ископаемых. Главное богатство ГДР – бурый уголь, по добыче которого она занимает первое место в мире. ГДР обладает также значительными запасами калийных солей. По производству чистого калия ГДР стоит на одном из первых мест в мире. Имеются месторождения каменных солей и медных руд.

В ГДР высокоразвитое сельское хозяйство. Оно полностью обеспечивает население сельскохозяйственными продуктами. На высоком уровне находится животноводство.

Успехи в экономическом строительстве ГДР служат хорошей основой для дальнейшего развития и укрепления республики.

4.1.3.2. **Beantworten Sie die folgenden Fragen russisch!**

1. Когда была основана ГДР? 2. В какие организации входит ГДР? 3. Какое место занимает ГДР среди наиболее развитых промышленных стран? 4. Какая отрасль является ведущей отраслью промышленности ГДР? 5. Где находятся самые важные центры машиностроительной промышленности ГДР? 6. Какую роль играет СССР как торговый партнёр в развитии судостроения ГДР? 7. Где находятся крупные верфи в ГДР? 8. Какими полезными ископаемыми обладает ГДР и где они находятся? 9. Для каких отраслей промышленности очень важны месторождения бурого угля и калийных солей? 10. Какими продуктами сельское хозяйство ГДР может полностью обеспечить население?

4.1.3.3. siehe Abb. Seite 90

4.1.3.4. **Weisen Sie schriftlich oder mündlich die folgenden Thesen nach!**

1. Die DDR ist ein kleines Land. 2. Die DDR ist ein sozialistischer Staat. 3. Die DDR ist ein entwickelter Industriestaat. 4. Die Landwirtschaft spielt eine große Rolle bei der Versorgung der Bevölkerung des Landes. 5. In den letzten Jahren haben sich neue Industriezweige entwickelt. 6. Die DDR ist reich an Braunkohle und Kalisalzen. 7. Die DDR muß viele Rohstoffe importieren.

4.2.   ABSCHNITT 2

4.2.1.   Einführung

4.2.1.1.   Wiederholen Sie die folgenden Wörter!

вид	Art, Gattung
ви́ды сырья́	Rohstoffarten
длина́	Länge
изде́лие	Erzeugnis
предприя́тие	Betrieb
наро́дное предприя́тие	volkseigener Betrieb
приме́р	Beispiel
служи́ть приме́ром	als Beispiel dienen
совме́стный	gemeinsam
совреме́нный	modern, gegenwärtig

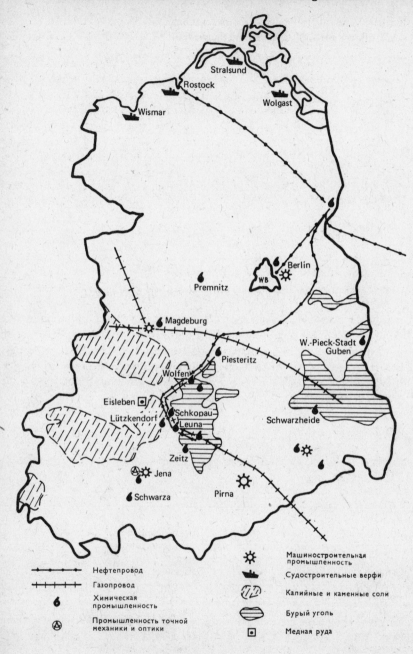

4.2.1.2. ● ● Hören und lesen Sie den Satz! Sprechen Sie den Satz nach! Hören Sie den Satz noch einmal!

1. Для успешного решения экономических задач нужны определённые *предпосылки*. — *Voraussetzungen*
2. Машиностроение и химия имеют большой *удельный вес* в экономике ГДР. — *Anteil*
3. В ГДР осуществляется *замена* неэкономичных изделий химии высокоэффективными изделиями химии. — *Ersatz*
4. Из химических *волокон* производят красивые материалы. — *Fasern*
5. Развитие химической промышленности ГДР *позволяет* увеличить производство пластмасс и синтетических волокон. — *erlaubt*
6. *Жидкое* топливо – продукт химической промышленности. — *flüssig*
7. Из нефти мы получаем *удобрения* для сельского хозяйства. — *Düngemittel*
8. Химическая промышленность производит *разнообразные* материалы. — *verschiedenartige*
9. Экономические *соглашения* являются предпосылкой для осуществления планов. — *Abkommen*
10. Количество нефти, которое мы получаем из Советского Союза, *возросло* за последние годы. — *ist gewachsen*
11. Мы можем *справиться* с этой трудной задачей. — *zurechtkommen*
12. Нефть и природный газ используются *в качестве* сырья в химической промышленности. — *als*

4.2.1.3. Lesen Sie die neuen lexikalischen Einheiten in der Grundform!

предпосы́лка	Voraussetzung
уде́льный вес	*hier:* Anteil
волокно́, *Pl.* воло́кна, воло́кон	Faser
позво́лить *сов.*; -зво́лю, -зво́лишь	erlauben
позволя́ть	
жи́дкий	flüssig
удобре́ние	Düngemittel
разнообра́зный	verschiedenartig
соглаше́ние	Abkommen
спра́виться с *сов.*; спра́влюсь,	zurechtkommen mit, meistern
спра́вишься	
справля́ться	
справля́ться с зада́чей	die Aufgabe meistern
возрасти́ *сов.*; -расту́, -растёшь; *Prät.*	wachsen
возро́с, -ла́, -ло́, -ли́	
возраста́ть	

91

в ка́честве (чего)   als
  в ка́честве приме́ра   als Beispiel
заме́на   Ersatz

4.2.1.4.   Lesen und vergleichen Sie!

1. включи́ть *сов.*, включа́ть
включа́я

Машиностроение ГДР, включая электронику, электротехнику, приборостроение, характеризуется высоким уровнем развития.

einschließen
einschließlich

Der Maschinenbau der DDR, einschließlich der Elektronik, der Elektrotechnik und des Gerätebaus, wird durch ein hohes Entwicklungsniveau charakterisiert.

2. де́сять лет
десятиле́тие

За последнее десятилетие были построены крупные химические комплексы.

zehn Jahre
Jahrzehnt

Im letzten Jahrzehnt wurden große Chemiekomplexe errichtet.

3. внедре́ние
внедри́ть *сов.*, внедря́ть

Развитие нефтехимического производства позволяет внедрить в народное хозяйство новые виды сырья.

Einführung
einführen

Die Entwicklung der petrolchemischen Produktion erlaubt, in der Volkswirtschaft neue Rohstoffarten einzuführen.

4. до́лгий срок
долгосро́чный

Импорт нефти осуществляется на основе долгосрочных соглашений.

lange Frist
langfristig

Der Import von Erdöl erfolgt auf der Grundlage langfristiger Abkommen.

5. газ
 про́вод
газопрово́д

Примером сотрудничества социалистических стран является совместно построенный газопровод.

(Erd-) Gas
Leitung
(Erd-) Gasleitung

Ein Beispiel für die Zusammenarbeit der sozialistischen Länder ist die gemeinsam erbaute Erdgasleitung.

4.2.1.5.   Lesen Sie die folgenden Internationalismen!

импорти́ровать, ко́мплекс, максима́льный, пластма́сса (Plast), синтети́ческий, тексти́льный, транспорти́ровать, тра́сса, химиза́ция, хими́ческий, хи́мия

4.2.1.6. Übersetzen Sie!

1. Каждая страна заинтересована в экспорте таких товаров, для производства которых в стране имеются хорошие *предпосылки*.   2. По *удельному весу* машин и оборудования в экспорте ГДР занимает первое место среди социалистических стран.   3. Экспорт наших изделий *позволяет* импортировать необходимое для народного хозяйства промышленное сырьё.   4. Для получения *жидкого* топлива нужна нефть, которую ГДР получает через нефтепровод „Дружба“.   5. На этом комбинате будут работать *разнообразные* текстильные машины, которые будут производить материалы из синтетических *волокон*. 6. ГДР экспортирует минеральные *удобрения*, которые производит химическая промышленность.   7. Долгосрочные *соглашения*, разработанные с учётом народнохозяйственных планов, являются важным средством для развития национальных хозяйств.   8. Чтобы *справиться* с составлением перспективных планов, необходимо научное прогнозирование.   9. За последние годы *возрос* экспорт промышленных товаров из ГДР в СССР.   10. Молодые государства Азии и Африки ставят *в качестве* важнейшей задачи максимальное использование своих природных ресурсов для развития промышленности.

4.2.2.   Grammatische Übungen

4.2.2.1. Die Angabe der Jahreszahl

Die Jahreszahl wird im Russischen durch eine Ordinalzahl in Verbindung mit год *ausgedrückt:*

тысяча девятьсот восемьдесят шестой год – das Jahr 1986

Auf die Frage „In welchem Jahr?“ stehen Ordnungszahl und год *im Präpositiv.*

в тысяча девятьсот восемьдесят седьмом году – im Jahre 1987

Auf die Frage „Wann, am wievielten?“ wird die vollständige Zeitangabe (Tag, Monat, Jahr) im Genitiv angegeben.

двенадцат*ого* июн*я* тысяча девятьсот восемьдесят пят*ого* год*а* – *am* 12. Juni 1985

Beachte: двенадцато*е* (число) июня тысяча девятьсот восемьдесят пятого года – *der* 12. Juni 1985

Die Zeitangabe „von – bis“ kann durch zwei Varianten wiedergegeben werden:

1. Variante: с (Gen.) – до (Gen.)
с тысяча девятьсот восемьдесят пят*ого* до тысяча девятьсот девяносто*го* года – von 1985 bis 1990

2. Variante: c (Gen.) – по (Akk.)

с тысяча девятьсот восемьдесят пятого года по тысяча девятьсот девяностый год – von 1985–1990

Die Verwendung der Präposition om ist bei Angabe von Jahreszahlen nicht gebräuchlich.

Die Zeitangabe „seit" wird durch die Präposition c (Gen.) ausgedrückt.

с тысяча девятьсот восемьдесят второго года – seit (dem Jahre) 1982

Beachte: за эти годы – in diesen Jahren

на эти годы – für diese Jahre

4.2.2.2. Lesen Sie die folgenden Sätze! Achten Sie dabei auf die Zeitangaben!

1. 18. декабря 1963 г. начал работать нефтепровод „Дружба". 2. В рамках долгосрочного соглашения между ГДР и СССР предусмотрена поставка с 1981 г. по 1985 г. около 95 млн. тонн нефти. 3. Кроме нефти, с 1973 г. ГДР получает из СССР природный газ для использования в химической промышленности в качестве сырья. 4. 7 октября 1949 г. – день основания ГДР. 5. Социалистические страны решили осуществлять с 1973 г. до 1979 г. поставки материалов, машин и оборудования для строительства комбинатов. 6. За 1980–1985 гг. (годы) объём и масштабы сотрудничества социалистических стран значительно расширились. 7. За последние годы значительно вырос экономический потенциал СССР. 8. Специальной Комиссией был разработан проект двенадцатого пятилетнего плана развития народного хозяйства СССР на 1986–1990 гг.

4.2.2.3. Zur Deklination der Grundzahlwörter

Zahlen 1–4:

один, одна, одно; одни – *Deklination wie:* этот, эта, это; эти

два (две), двух, двум, два (двух, две), двумя́, о двух

три, трёх, трём, три (трёх), тремя́, о трёх

четыре, четырёх, четырём, четыре (четырёх), четырьмя́, о четырёх

Die Zahlen 5–20 und 30 werden wie Substantive der i-Deklination gebeugt:

пять, пяти́, пяти́, пять, пятью, о пяти́

Die Zahlen 50, 60, 70, 80 werden in ihren beiden Bestandteilen wie Substantive der i-Deklination gebeugt:

пятьдеся́т, пяти́десяти, пяти́десяти, пятьдеся́т, пятью́десятью, 'о пяти́десяти

Die Zahlen 40, 90, 100 haben in den gebeugten Kasus die Endung -a:

со́рок, сорока́, сорока́, со́рок, сорока́, о сорока́

сто, ста, ста, сто, ста, о ста

Weiteres zur Deklination der Grundzahlwörter in: Leitfaden, §§ 46–52; Sprachlehre, Ziff. 86–95.

4.2.2.4. Angabe von Steigerungs- und Verminderungsraten

Bei der in ökonomischen Texten häufigen Angabe von Steigerungs- oder Verminderungsraten ist folgendes zu beachten:

a) *Die Angabe von Steigerungsraten wird mit Hilfe von раз (=mal) ausgedrückt, wobei die dazugehörige Zahl als Faktor anzusehen ist.*

Производство увеличилось в пять *раз.*

(Die Produktion wurde *auf* das Fünffache gesteigert. *Nicht: um das Fünffache. Berechnung bei 100 als Ausgangswert: 100 · 5 = 500. Steigerung um das Fünffache würde bedeuten: 100 + 500 = 600.*)

b) *Auch Verminderungsraten werden meist mit Hilfe von раз wiedergegeben, wobei die dazugehörige Zahl als Divisor anzusehen ist.*

Стоимость изделий при использовании новых машин в 3 раза ниже, чем раньше.

(Die Kosten der Erzeugnisse betragen bei Verwendung der neuen Maschinen ein Drittel der früheren Kosten.)
(*Berechnung 100:3*)

Bei gebrochenen Zahlen, die im Russischen auch für Verminderungsraten üblich sind, empfiehlt sich die Umrechnung in Prozentwerte.

В результате капиталистического кризиса производство снизилось в 2,3 раза (читай: в два [целых] и три десятых раза).

(Als Folge der kapitalistischen Krise sank die Produktion *auf* 43,5 %.)
(*Nicht: um das 2,3fache! Berechnung: 100:2,3 = 43,5*)

Auch echte Brüche müssen gegebenenfalls umgerechnet werden.

Доля каменного угля в энергетическом балансе европейских стран снизилась в $2^1/_2$ раза (читай: в два с половиной раза).

(Der Anteil der Steinkohle an der Energiebilanz der europäischen Länder sank *um* 60 % [oder: *auf* 40 %]. *Berechnung: 100:2,5 = 40*)

c) *Bei der Angabe von Prozentzahlen ist zu beachten:*

Выпуск станков увеличился *на* 120 %.

(Die Erzeugung von Werkzeugmaschinen erhöhte sich *um* 120 %.)
(*nicht: auf 120 %*)

Удельный вес продукции машиностроения в общем объёме промышленной продукции вырос *с* 14 % *до* 32 % (читай: с четырнадцати процентов до тридцати двух процентов).

(Der Anteil der Produktion des Maschinenbaus am Gesamtvolumen der Industrieproduktion stieg von 14 % *auf* 32 %.)

4.2.2.5.   **Lesen Sie die folgenden Sätze! Achten Sie dabei auf die Zahlenangaben!**

1. За период с 1950 по 1973 г. национальный доход возрос в ГДР
   в 4,7 раза. (Im Zeitraum von 1950 bis 1973 stieg das Nationaleinkommen in der DDR auf das 4,7fache [um 370%]).
2. За десять лет производство средств производства возросло на
   85%. (In zehn Jahren stieg die Produktion von Produktionsmitteln
   um 85%.)
3. Использование новой техники снижает стоимость товаров в 4 раза.
   (Die Ausnutzung der neuen Technik senkt die Kosten der Waren um
   drei Viertel *oder* auf ein Viertel.)
4. Валовая продукция промышленности ГДР увеличилась за период
   с 1950 по 1972 г. в 5,2 раза. (Die Bruttoproduktion der Industrie der
   DDR erhöhte sich von 1950 bis 1972 auf das 5,2fache (um 420%),
5. Импорт товаров снизился в $1^1/_2$ раза. (Der Warenimport verringerte
   sich um ein Drittel.)

4.2.2.6.   ■ ■   **Übersetzen Sie die folgenden Sätze!**

1. Объём национального дохода стран-членов СЭВ за двадцать лет
вырос в 5,7 раза.   2. За тот же период производительность труда
увеличилась на 110%.   3. Доля угля в производстве чёрных металлов
снизилась в 2,2 раза.   4. С 1950 по 1968 г. продукция промышленности
ГДР возросла в $4^1/_2$ раза.   5. С 1940 по 1965 г. потребление электроэнергии возросло более чем в 10 раз.   6. Удельный вес экспорта увеличился с 17% до 22%.

4.2.3.   **Textteil**

4.2.3.1.   ● ●   **Hören und lesen Sie den Text! Übersetzen Sie!**

Химия – одна из ведущих отраслей промышленности ГДР

Научно-техническому прогрессу принадлежит ведущая роль в решении
экономических задач Германской Демократической Республики. Для
решения этих задач имеются определённые материальные предпосылки. Экономическая структура ГДР характеризуется большим
удельным весом и высоким уровнем развития таких ведущих отраслей
промышленности, как машиностроение (включая электронику, электротехнику, приборостроение) и химия.

   Химическая промышленность ГДР достигла высокого уровня развития. По общему объёму производства химической промышленности
ГДР занимает после Советского Союза второе место среди социалистических стран. За последнее десятилетие были построены крупные

химические комплексы. К ним относятся нефтехимический комбинат в Шведте, на котором работают сейчас почти 28.000 трудящихся, нефтехимический центр Лойна-2 и завод по производству химического волокна в Губене.

Осуществляемая в ГДР замена неэкономичных изделий химии современными высокоэффективными видами нефтехимического производства позволяет увеличить производство пластмасс и синтетических волокон и шире внедрять в народное хозяйство новые виды сырья.

Нефтехимическая промышленность ГДР получает необходимое сырьё через нефтепровод „Дружба" длиной 5.500 километров. Из нефти получают жидкое топливо, удобрения и разнообразные нефтехимические материалы. В рамках долгосрочных соглашений между ГДР и СССР будет поставляться необходимое количество нефти. Для того чтобы справиться с возросшим количеством транспортируемой нефти, была построена вторая трасса нефтепровода.

Другим значительным примером сотрудничества социалистических стран является совместно построенный газопровод, по которому с 1973 года ГДР получает из Советского Союза природный газ для использования в химической промышленности в качестве сырья. В 1980 г. начал работать газопровод „Союз" (Оренбург – западная граница СССР), который связан с системой газопроводов стран-участниц.

4.2.3.2.   Fragen Sie Ihren Gesprächspartner,

1. welche Industriezweige der DDR die führenden sind,   2. wie sich die Chemie in der DDR in den letzten Jahren entwickelte,   3. wo in der DDR wichtige Betriebe der chemischen Industrie entstanden sind,   4. welche Produkte man aus Erdöl erhält,   5. welche Bedeutung die Erdölleitung „Freundschaft" für die DDR hat,   6. warum man eine zweite Trasse der Erdölleitung baute,   7. welchen anderen wichtigen Rohstoff die DDR seit 1973 aus der Sowjetunion erhält und für welchen Industriezweig er große Bedeutung hat.

4.2.3.3.   ● ● Hören Sie den Text! Geben Sie den Inhalt in deutscher Sprache wieder!

4.2.3.4.   Übersetzen Sie den folgenden Dialog sinngemäß!

A: Waren Sie schon einmal in der DDR?

B: Ja, ich war Mitglied einer Delegation, die an einer Tagung der Kommission für Chemieindustrie teilgenommen hat.

A: Die Chemieindustrie gehört zu den führenden Industriezweigen der DDR. Die Erzeugnisse der chemischen Industrie werden in viele Länder exportiert.

B: Es ist bemerkenswert, daß die DDR dem Umfang der Industrieproduktion nach zu den zehn führenden Industriestaaten der Welt gehört, obwohl der Umfang ihrer Rohstoffvorkommen nur gering ist.

A: Ja, die DDR verfügt über eine hochentwickelte Industrie und Landwirtschaft. Sie ist gezwungen, viele Rohstoffe zu importieren, da sie selbst nur über wenig Rohstoffe verfügt und lediglich große Vorkommen an Braunkohle und Kalisalzen hat.

B: Das bedeutet, daß der Handel (торговля) mit anderen Ländern große Bedeutung für Ihr Land hat.

A: Der Außenhandel (внешняя торговля) ist ein entscheidender Faktor für die Entwicklung unserer Volkswirtschaft. Dabei kommt dem Handel mit den sozialistischen Ländern besondere Bedeutung zu. Ohne Kooperation mit der Sowjetunion wäre eine schnelle Entwicklung der Volkswirtschaft der DDR nicht möglich. Einen großen Teil des notwendigen Erdöls erhält die DDR durch die Erdölleitung „Freundschaft" aus der Sowjetunion. Die Beziehungen zur Sowjetunion und zu den anderen sozialistischen Ländern haben einen stabilen (стабильный) Charakter.

B: Im Rahmen des RGW haben unsere Länder große Möglichkeiten für eine effektive Entwicklung ihrer Volkswirtschaft. Immer neue Formen und Methoden der Zusammenarbeit werden angewandt, so zum Beispiel die gemeinsame Ausbeutung (Ausnutzung) von Rohstoffvorkommen, gemeinsame Forschungsprojekte, der gemeinsame Bau von Objekten u. a.

A: Die Verwirklichung des Komplexprogramms wird allen sozialistischen Ländern helfen, sich schnell zu entwickeln. In brüderlicher Zusammenarbeit werden diese Länder große Erfolge zum Wohle ihrer Völker erzielen.

4.3.   ABSCHNITT 3

4.3.1.   Einführung

4.3.1.1.   Wiederholen Sie die folgenden Wörter!

весна́	Frühling
весно́й	im Frühling
возврати́ться *сов.*; -вращу́сь	zurückkehren, heimkehren
-врати́шься	
возвраща́ться	
вы́ставка	Ausstellung
догово́р	Vertrag
заключи́ть *сов.*; -ключу́, -ключи́шь	abschließen
заключа́ть	
образе́ц, -зца́	Muster
я́рмарка образцо́в	Mustermesse
о́сень, -и	Herbst
о́сенью	im Herbst

объясни́ть *сов.*; -ясню́, -ясни́шь	erklären
объясня́ть	
посети́тель, -я	Besucher
почти́	fast
представи́тель, -я	Vertreter
предста́вить *сов.*; -ста́влю, -ста́вишь	*hier:* anbieten, präsentieren
представля́ть	
прие́хать *сов.*; -е́ду, -е́дешь	(angefahren) kommen
приезжа́ть	
провести́ *сов.*; -веду́, -ведёшь	durchführen
проводи́ть; -вожу́, -во́дишь	
стано́к, -нка́	Werkzeugmaschine, Werkbank
торго́вля	Handel
вну́тренняя торго́вля	Binnenhandel
вне́шняя торго́вля	Außenhandel
торго́вый	Handels-
то́чный	genau, präzise
то́чная меха́ника	Feinmechanik

4.3.1.2. ● ● **Hören und lesen Sie den Satz! Sprechen Sie den Satz nach! Hören Sie den Satz noch einmal!**

1. Лейпцигская ярмарка имеет *давнюю* традицию. — *lang, alt*

2. Раньше это была *единственная* ярмарка в Центральной Европе. — *einzig*

3. Значение Лейпцигской ярмарки *состоит в* развитии торговых отношений социалистических и капиталистических стран. — *besteht in*

4. Ярмарка является центром *сравнения* научно-технических достижений. — *Vergleich*

5. Представители почти всех стран мира встречаются в Лейпциге, ведут *переговоры* и заключают договоры на поставку товаров. — *Verhandlungen*

6. ГДР показывает различные *бытовые товары.* — *Gebrauchsgüter*

7. *Переработка информации* – важная отрасль современной техники. — *Informationsverarbeitung*

8. Сотрудничество социалистических стран постоянно *углубляется.* — *vertieft sich*

9. ГДР является членом социалистического *содружества.* — *Gemeinschaft*

10. Лейпцигская ярмарка показывает возможность мирного *сосуществования* двух политических систем мира. — *Koexistenz*

4.3.1.3. **Lesen Sie die neuen lexikalischen Einheiten in der Grundform!**

да́вний	lang, alt
еди́нственный	einzig

состоя́ть в	bestehen in
проблéма состои́т в том, что	das Problem besteht darin, daß
сравнéние	Vergleich
переговóры	Verhandlungen
вести́ переговóры	Verhandlungen führen
бытовы́е товáры	Gebrauchsgüter
перерабóтка	Verarbeitung
перерабóтка информáции	Informationsverarbeitung
углуби́ть *сов.*; -глублю́, -глуби́шь	vertiefen
углубля́ть	
содрýжество	Gemeinschaft
сосуществовáние	Koexistenz
ми́рное сосуществовáние	friedliche Koexistenz
тáкже	auch
а тáкже	sowie

4.3.1.4. Lesen und vergleichen Sie!

1. Лейпциг	Leipzig
Лéйпцигский	Leipziger
Лéйпцигская ярмарка прово́дится два раза в год.	Die Leipziger Messe wird zweimal jährlich durchgeführt.
2. я́рмарка	Messe
я́рмарочный	Messe-
Лейпциг является одним из важнейших ярмарочных городо́в в Европе.	Leipzig ist eine der wichtigsten Messestädte Europas.
3. товáр	Ware
товáрный	Waren-
Раньше Лéйпцигская ярмарка была товáрной ярмаркой.	Früher war die Leipziger Messe eine Warenmesse.
4. провести́ *сов.*, проводи́ть	durchführen
проведéние	Durchführung
Проведение ярмарок является экономической необходи́мостью.	Die Durchführung von Messen ist eine ökonomische Notwendigkeit.
5. óтрасль	Zweig, Branche
отраслевóй	Zweig-, Branchen-
Кроме коллективных есть и отраслевые выставки новейших достижений.	Neben den Kollektiv- gibt es auch Branchenausstellungen der neuesten Errungenschaften.
6. заключи́ть *сов.*, заключáть	abschließen
заключéние	Abschluß
Демонстрация образцов является основой заключения	Die Ausstellung von Mustern ist die Grundlage für den Abschluß

договоров на поставку товаров.	von Warenliefervertägen.
7. мир	Frieden
ми́рный	friedlich
aber:	
мир	Welt
мирово́й	Welt-
Социалистические страны проводят политику мирного сосуществования.	Die sozialistischen Länder betreiben eine Politik der friedlichen Koexistenz.
Вторая мировая война кончилась в 1945 году.	Der zweite Weltkrieg endete im Jahre 1945.

4.3.1.5.   Lesen Sie die folgenden Internationalismen!

автоматиза́ция, ара́бский, африка́нский, демонстри́ровать, информа́ция, па́ртия (*hier:* [Waren-] Partie), техноло́гия, тради́ция, фи́рма, экспона́т (Exponat, Ausstellungsstück)

4.3.1.6.   Übersetzen Sie!

1. *Давняя* традиция Лейпцигской ярмарки всем известна.   2. Мирное *сосуществование* является единственно возможным принципом сотрудничества между всеми странами.   3. Сущность капиталистического способа производства *состоит в* частной собственности на средства производства.   4. *Сравнение* экономических и технических достижений важно для определения качества изделий.   5. Представители многих стран вели *переговоры* о развитии экономических связей. 6. На ярмарке показываются и различные *бытовые товары*.   7. Значение *переработки информации* постоянно растёт.   8. Связи Германской Демократической Республики с африканскими странами *углубляются*.   9. Страны социалистического *содружества* постоянно развивают взаимные экономические отношения.

4.3.2.   Grammatische Übungen

4.3.2.1.   Der Verbalaspekt (vgl. Leitfaden, §§ 77–83; Sprachlehre, Ziff. 147–155)

Fast jedes russische Verb existiert in zwei Parallelformen, den Aspekten (vollendeter und unvollendeter Aspekt). Der Aspekt (lat. aspectus = Anblick, Betrachtung) bezeichnet die Art und Weise, in der eine Handlung betrachtet wird.

a) *Der vollendete Aspekt* (совершенный вид) *bringt zum Ausdruck, daß eine einmalige Handlung als zeitlich begrenzt betrachtet wird; meist hat man dabei Vollendung, Abschluß oder Resultat der Handlung im Auge.*

Коллектив завода выполнил план. (Das Kollektiv des Werkes erfüllte den Plan [hat den Plan erfüllt].)

Merke: Der vollendete Aspekt besitzt kein Präsens, sondern nur Futur und Präteritum. Vollendete Verben mit scheinbaren Präsensendungen haben Futurbedeutung (vollendetes Futur).

Трудящиеся выполнят задачи пятилетнего плана. (Die Werktätigen werden die Aufgaben des Fünfjahrplans erfüllen.)

Vgl. dagegen den unvollendeten Aspekt:

Трудящиеся выполняют задачи (*Präsens*). (Die Werktätigen erfüllen die Aufgaben.)

b) *Der unvollendete Aspekt* (несовершенный вид) *bringt zum Ausdruck, daß eine Handlung in ihrem zeitlichen Verlauf betrachtet wird, ohne daß an eine Begrenzung oder ein Resultat gedacht wird. Auch wiederholte und gewohnheitsmäßige Handlungen werden durch den unvollendeten Aspekt wiedergegeben.*

Студент сидел в библиотеке и работал. (Der Student saß in der Bibliothek und arbeitete.)

Ленин часто указывал на необходимость повышения производительности труда. (Lenin verwies oft auf die Notwendigkeit, die Arbeitsproduktivität zu erhöhen.)

Beachten Sie die unterschiedliche Bildung des Futurs in den beiden Aspekten:

Я прочитаю книгу (*сов.*). Ich werde das Buch lesen (d. h. bis zu Ende durchlesen).

Я буду читать книгу (*несов.*). Ich werde das Buch lesen (d. h. in dem Buch lesen).

	несов. вид	*сов. вид*
Präs.	я читаю	–
Prät.	я читал	я прочитал
Fut.	я буду читать	я прочитаю

Zum richtigen Erkennen der Aspekte kann man sich einige Faustregeln merken:

a) *Präfigierte Verben, das sind solche mit einer Vorsilbe (на-, no-, c- usw.), die nicht zu der Gruppe d) gehören, sind gewöhnlich vollendet.*

написать, построить, сделать, вырасти

b) *Bei Verbpaaren, die sich (abgesehen von evtl. auftretendem Konsonanten-wechsel) nur durch den Vokalwechsel и/я(а) unterscheiden, bezeichnet das mit dem Kennvokal и gebildete Verb (i-Konjugation) den vollendeten Aspekt.*

изменить (*сов.*)/изменять	выполнить (*сов.*)/выполнять
ответить (*сов.*)/отвечать	выразить (*сов.*)/выражать

c) Verben mit dem Suffix *-ну-* sind ebenfalls vollendet.

возникнуть (*сов.*)/возникать	достигнуть (*сов.*)/достигать

d) *Verben mit Stammerweiterung -ва- oder -ыва- (-ива) sind unvollendet.*

давать/дать (*сов.*)	указывать/указать (*сов.*)
развивать/развить (*сов.*)	обеспечивать/обеспечить (*сов.*)

In manchen Fällen, insbesondere bei Verben, deren deutsches Äquivalent Vollendung, Abschluß oder Resultat zum Ausdruck bringt (z. B. entscheiden, erreichen, lösen) muß bei der Übersetzung des unvollendeten Aspekts, speziell im Präteritum, die verbale Aussage meist lexikalisch umschrieben werden.

он решил задачу (*сов.*)	er löste die Aufgabe
он решал задачу (*несов.*)	er befaßte sich mit der Lösung der Aufgabe

4.3.2.2. **Lesen Sie die folgenden Sätze! Achten Sie dabei auf die Verbformen und ihre Übersetzung und bestimmen Sie den Aspekt des Verbs!**

1. На XXV сессии СЭВ страны-члены *приняли* Комплексную программу. (Auf der XXV. RGW-Tagung beschlossen die Mitgliedsländer das Komplexprogramm.)
2. Студент вчера *сдавал* экзамен, но не *сдал*, потому что плохо подготовился. (Der Student unterzog sich gestern der Prüfung, aber er bestand sie nicht, weil er schlecht vorbereitet war.)
3. Год за годом комбинат *строил* большое количество квартир. (Jahr für Jahr baute das Kombinat eine große Zahl von Wohnungen.)
4. Каждый год комбинат строит много квартир, в этом году он уже *построил* 2.000 квартир. (Jedes Jahr errichtet das Kombinat viele Wohnungen; in diesem Jahr hat es bereits 2000 Wohnungen gebaut.)
5. Решения съезда *осуществлялись* всеми странами-участницами. (Die Beschlüsse des Kongresses wurden von allen Teilnehmerländern verwirklicht.)
6. Он *решал* задачу два раза, но не *решил* её. (Er bearbeitete [rechnete] die Aufgabe zweimal, löste sie aber nicht.)
7. Когда профессор *спросил* студента, тот не *ответил*. (*Als* der Professor den Studenten fragte, antwortete er nicht.)
8. Каждый раз, когда профессор *спрашивал* студента, тот не *отвечал*. (Jedesmal, wenn der Professor den Studenten frägte, antwortete er nicht.)

4.3.2.3. **Wählen Sie in den folgenden Sätzen von den in Klammern stehenden Verbpaaren jeweils die richtige Form aus! Begründen Sie die Wahl des Aspekts!**

1. Съезды партии всегда (определили/определяли) задачи экономической политики.   2. Студент весь вечер (решил/решал) трудную задачу и наконец (решил/решал) её.   3. Учитель сидел за столом и (проверил/проверял) контрольные работы студентов.   4. Тот, кто достигнет цели первым, (получит/будет получать) приз.   5. Когда мы пришли к профессору, он всё ещё (написал/писал) свою статью..

4.3.2.4. ■ ■ **Übersetzen Sie die folgenden Sätze unter Beachtung des Verbalaspekts!**

1. Изменились некоторые условия развития экономики.   2. Я долго переводил заданную нам статью, но не перевёл её.   3. Правительство примет все меры, чтобы развивать решающие для проведения научно-технической революции отрасли.   4. В более развитых странах решались задачи совершенствования отраслевой структуры народного хозяйства.   5. Продававшие раньше свою рабочую силу капиталистам трудящиеся теперь работают на себя.   6. Когда мы возвращались домой, мы встретили профессора из нашего института.

4.3.3. **Textteil**

4.3.3.1. ● ● **Hören und lesen Sie den Text! Übersetzen Sie!**

Лейпцигская ярмарка

Лейпцигская ярмарка имеет свою давнюю традицию – она проводится с 12-ого века. Долгое время Лейпциг был единственным ярмарочным городом в Центральной Европе. Торговое значение Лейпцига росло очень быстро. До 19-ого века Лейпцигская ярмарка являлась товарной ярмаркой, а с 19-ого века она стала ярмаркой образцов. Различие между ярмарками состоит в том, что на товарной ярмарке продаются целые партии товаров, а на ярмарке образцов заключаются договоры на поставку товаров по их образцам. Необходимость проведения технических ярмарок с 1920 года объясняется быстрым развитием техники в различных странах мира. После второй мировой войны Лейпцигская ярмарка проводится два раза в год – весной и осенью.

Лейпцигская ярмарка стала центром обмена опытом и сравнения научно-технических достижений. Сюда приезжают представители многих стран мира. Они ведут переговоры о развитии торговых связей, изучают товары, которые демонстрируются в павильонах стран, и заключают торговые договоры.

На ярмарке ГДР показывает изделия машиностроения, точной механики, оптики, химической промышленности, бытовые товары. Важное место среди экспонатов ГДР занимают новые технологии и высокопроизводительные системы станков. Особенно это относится к таким отраслям, как станкостроение, средства автоматизации и переработки информации, электроника, оборудование для тяжёлого машиностроения, для сельского хозяйства и пищевой промышленности и текстильные машины. Товары, представляемые ГДР, а также коллективные и отраслевые выставки стран СЭВ показывают углубляющееся и успешное сотрудничество стран социалистического содружества. Тесное экономическое сотрудничество ГДР с Советским Союзом и другими социалистическими странами является основой заключения крупных соглашений с партнёрами в арабских и африканских странах, а также с фирмами капиталистических стран.

Международное значение Лейпцигской ярмарки состоит не только в том, что по числу посетителей она является самой крупной ярмаркой в Европе. Ярмарка на практике показывает возможность мирного сосуществования двух систем – социалистической и капиталистической – на базе развития мирных торговых отношений.

4.3.3.2. **Beantworten Sie die folgenden Fragen russisch!**

1. С какого века проводится Лейпцигская ярмарка? 2. Какой характер имела ярмарка до 19-ого века? 3. Что такое товарная ярмарка и что такое ярмарка образцов? 4. Почему с 1920 года в Лейпциге проводятся также технические ярмарки? 5. Чем занимаются представители стран и фирм на ярмарке? 6. Какие изделия демонстрирует ГДР? 7. В чём состоит политическое значение Лейпцигской ярмарки?

4.3.3.3. ● ● **Hören Sie den Dialog! Geben Sie den Inhalt zusammenhängend in deutscher Sprache wieder!**

4.3.3.4. **Schreiben Sie einem sowjetischen Freund einen Brief über Ihre Eindrücke auf der Leipziger Messe! Beachten Sie dabei die folgenden Punkte!**

– Geschichte der Leipziger Messe,
– zu welchem Zweck die Leipziger Messe durchgeführt wird,
– welche Erzeugnisse die DDR auf der Leipziger Messe ausstellt,
– welche Rolle die Leipziger Messe im Rahmen der ökonomischen Zusammenarbeit zwischen den sozialistischen Ländern spielt,
– welche politische Bedeutung die Leipziger Messe hat.
(Umfang des Briefes: 120–150 Wörter, vorgegebene Zeit: 45 Minuten)

Lesen Sie den folgenden Text! Versuchen Sie zunächst, die Bedeutung der *kursiv* *gesetzten* **lexikalischen Einheiten wie auch der übrigen Ihnen unbekannter Vokabeln aus ihren Wortbildungskomponenten oder aus dem Kontext zu erschließen! Nehmen Sie erst dann, falls noch erforderlich, das Wörterbuch zu Hilfe!**

Растёт и крепнет ГДР

Народ Германской Демократической Республики под руководством СЕПГ успешно осуществляет строительство развитого социалистического общества. В настоящее время ГДР по объёму промышленного производства находится в числе первых десяти стран мира, обладает высокоразвитой современной промышленностью, передовым коллективизированным сельским хозяйством. Полностью *победили* социалистические производственные отношения в стране.

Ныне ГДР признана практически всем миром как *полноправное* *суверенное* государство, с ней поддерживают дипломатические отношения больше 130 государств, она занимает *законное* место в Организации Объединённых Наций.

ГДР является активным членом Совета Экономической Взаимопомощи, участвует в осуществлении широкого экономического сотрудничества и социалистической экономической интеграции. Страны СЭВ постоянно занимают большое место во внешнеторговом обороте ГДР. Первое место во внешней торговле ГДР *неизменно* принадлежит Советскому Союзу. Как известно, и Германская Демократическая Республика устойчиво занимает первое место во внешнеторговом обороте СССР.

ГДР покрывает за счёт импорта из Советского Союза основную часть своих потребностей в нефти, в природном газе, в железной руде, в прокатной стали, в хлопке, в меди и в некоторых других видах сырья. Значительное количество всех импортированных ГДР машин и оборудования приходится на поставки из Советского Союза. В свою очередь СССР покрывает за счёт поставок из ГДР около $1/4$ своих импортных потребностей в машинах и оборудовании. Сложилась устойчивая специализация во взаимных поставках.

Большое значение для решения одной из важнейших народнохозяйственных задач ГДР – укрепления энергетической базы – имеют поставки из СССР оборудования *тепловых* и атомных электростанций. Крупнейшие электростанции ГДР построены и строятся при техническом содействии Советского Союза.

Осуществлявшееся ранее экономическое сотрудничество подготовило переход к новому, более высокому этапу – реализации Комплексной программы социалистической экономической интеграции стран-членов СЭВ.

В основе *многообразных* форм экономического сотрудничества лежит координация народнохозяйственных планов на пятилетие и более длительные периоды. Проведённые консультации о координации планов СССР и ГДР позволили решить ряд крупных проблем развития экономики обеих стран, предусмотреть значительное увеличение товарооборота, обеспечить народное хозяйство ГДР в решающей степени основными видами сырья и материалов, определить специализацию и обмен важными видами прогрессивного оборудования и других товаров.

Были подписаны соглашения, предусматривающие решение отдельных народнохозяйственных задач. Предметом соглашений являются конкретные научно-технические проблемы, проектирование новых образцов оборудования, создание совместных производственных объектов.

В процессе совместной работы за последние годы были найдены и прошли практическую *проверку* некоторые новые формы сотрудничества. К ним относится создание совместных исследовательских и проектных коллективов из специалистов обеих стран.

ГДР участвует своими материальными и финансовыми ресурсами в развитии сырьевой базы в СССР в целях увеличения поставок соответствующего сырья в ГДР.

На консультациях о координации народнохозяйственных планов на пятилетие 1981–1985 гг. было намечено значительное расширение объёмов сотрудничества.

Дальнейшее развитие процессов социалистической экономической интеграции создаст новые возможности для *ускорения* и совершенствования производства в интересах повышения благосостояния народа ГДР, укрепления могущества социалистического содружества.

4.3.3.6. Beantworten Sie die folgenden Fragen deutsch!

1. Какие успехи достигнуты при строительстве развитого социалистического общества в ГДР? 2. Какую роль играют внешнеторговые отношения ГДР с Советским Союзом во внешнеторговом обороте ГДР? 3. Какое значение имеют импортные поставки из Советского Союза для народного хозяйства ГДР? 4. Какие возможности даёт координация народнохозяйственных планов СССР и ГДР? 5. Какие новые формы сотрудничества были найдены за последние годы?

4.3.3.7. Sprechen Sie unter Benutzung der deutschen Stichpunkte zu den folgenden Themen!

1. Ведущие отрасли промышленности ГДР и их значение для народного хозяйства. (Maschinenbau – Grundlage des Exports; chemische Industrie; strukturelle Veränderungen durch sowjetische Erdöl- und

Erdgaslieferungen; Kooperation mit der UdSSR auf diesen Gebieten; Schiffbau – ein neuer Industriezweig; große sowjetische Aufträge; entwickelte Landwirtschaft gewährleistet Versorgung der Bevölkerung.)

2. Химические центры ГДР и их сырьевая база. (Chemieindustrie – hohes Niveau; Errichtung von Chemiekomplexen – Schwedt, Leuna, Guben; Plasterzeugnisse; synthetische Fasern; Rohstofflieferungen aus der UdSSR; Erdölleitung Freundschaft; Produkte aus Erdöl; Erdgasleitung)

3. Историческое развитие Лейпцигской ярмарки. (Messe seit 12. Jh.; Warenmesse; Mustermesse; technische Messen; heutige Bedeutung der Messe; Aktivitäten der Handelsvertreter)

4. Участие ГДР в Лейпцигской ярмарке. (Erzeugnisse der DDR; Zusammenarbeit mit der UdSSR und anderen sozialistischen Ländern; Integrationsprozeß; Spezialisierung; friedliche Koexistenz; Handel mit Entwicklungsländern und kapitalistischen Firmen)

5. Экономическое сотрудничество социалистических стран

5.1. ABSCHNITT 1

5.1.1. Einführung

5.1.1.1. Wiederholen Sie die folgenden Wörter!

в настоя́щее вре́мя	zur Zeit, gegenwärtig
вперёд	vorwärts, nach vorn
интегра́ция	Integration
социалисти́ческая экономи́ческая интегра́ция	sozialistische ökonomische Integration
смочь *сов.*; смогу́, смо́жешь ... смо́гут мочь	können
нау́чный	wissenschaftlich
обрати́ть *сов.*; -ращу́, -рати́шь обраща́ть	richten, lenken
обраща́ть внима́ние на	die Aufmerksamkeit richten auf
обраща́ть внима́ние на укрепле́ние сотру́дничества	die Aufmerksamkeit auf die Festigung der Zusammenarbeit richten
показа́ть *сов.*; -кажу́, -ка́жешь пока́зывать	zeigen
приня́ть *сов.*; приму́, при́мешь принима́ть	annehmen
принима́ть реше́ние	einen Beschluß fassen
принима́ть уча́стие (в съе́зде)	teilnehmen (am Kongreß)
се́ссия	Sitzung, Tagung
собы́тие	Ereignis
явле́ние	Erscheinung

5.1.1.2. ●● Hören und lesen Sie den Satz! Sprechen Sie den Satz nach! Hören Sie den Satz noch einmal!

1. Цель социалистической экономической интеграции – *сближение* национальных хозяйств. *Annäherung*

2. Процесс сближения и *постепенного переплетения* национальных хозяйств – длительный процесс. *allmähliche Verflechtung*

3. Социалистическая экономическая интеграция – интеграция *самостоятельных* государственных хозяйств. *selbständige*

4. Интеграция предусматривает *в первую очередь* согласование экономических структур нескольких стран. *in erster Linie*

5. Одной из важных форм экономического сотрудничества социалистических стран является *внешняя торговля*. *Außenhandel*

6. *Наряду с* координацией пятилетних планов ведётся совместное прогнозирование. *neben*

7. Одна из форм сотрудничества – совместные *исследования*. *Forschungen*

8. Эта цель может быть достигнута путём концентрации *усилий* и средств. *Anstrengungen*

9. Для осуществления многосторонних *расчётов* был создан Международный банк экономического сотрудничества. *Verrechnungen*

10. Необходима концентрация усилий братских стран в *капитальном строительстве*. *Investbau*

5.1.1.3. Lesen Sie die neuen lexikalischen Einheiten in der Grundform!

сближе́ние	Annäherung
постепе́нный	allmählich
переплете́ние	Verflechtung
самостоя́тельный	selbständig
в пе́рвую о́чередь	in erster Linie
вне́шняя торго́вля	Außenhandel
наряду́ с	neben, zugleich mit
наряду́ с координа́цией пла́нов	neben der Koordinierung der Pläne
иссле́дование	Untersuchung, Forschung
нау́чные иссле́дования	(wissenschaftliche) Forschungen
уси́лие	Anstrengung, Kraft
расчёт	Verrechnung
капита́льное стро́ительство	Investbau

5.1.1.4. Lesen und vergleichen Sie!

1. согласова́ть *сов.*, согласо́вывать	abstimmen, koordinieren
согласова́ние	Abstimmung, Koordinierung
сотру́дничество	Zusammenarbeit
сотру́дничать	zusammenarbeiten, kooperieren
Интеграция предусматривает согласование экономических структур сотрудничающих стран.	Die Integration sieht die Abstimmung der ökonomischen Strukturen der kooperierenden Länder vor.

2. постро́ить *сов.*, стро́ить	bauen
стро́йка	Bau, Baustelle
электри́ческий	elektrisch
переда́ча	Übertragung
электропереда́ча	Kraftübertragung
Совместное строительство линий электропередачи – важная форма сотрудничества.	Der gemeinsame Bau von elektrischen Fernleitungen ist eine wichtige Form der Zusammenarbeit.
3. цель	Ziel
целево́й	Ziel-
целева́я програ́мма	Zielprogramm
Целевые программы сотрудничества служат решению важных народнохозяйственных проблем стран-членов СЭВ.	Die Zielprogramme der Zusammenarbeit dienen der Lösung wichtiger volkswirtschaftlicher Probleme der Mitgliedsländer des RGW.
4. вне́шняя торго́вля	Außenhandel
внешнеторго́вый	Außenhandels-
Широко развиваются внешнеторговые отношения социалистических стран.	In großem Umfang entwickeln sich die Außenhandelsbeziehungen der sozialistischen Länder.
5. углуби́ть *сов.*, углубля́ть	vertiefen
углубле́ние	Vertiefung
глубо́кий	tief
Интеграция требует дальнейшего углубления сотрудничества социалистических стран.	Die Integration erfordert eine weitere Vertiefung der Zusammenarbeit der sozialistischen Länder.

5.1.1.5. Lesen Sie die folgenden Internationalismen!

Междунаро́дный инвестицио́нный банк (МИБ) (Internationale Investitionsbank [IIB]), концентра́ция, креди́т, креди́тный, кредитова́ние (Kreditierung), кредитова́ть (kreditieren), потенциа́л, специализа́ция, эне́ргия, эффе́кт

5.1.1.6. Übersetzen Sie!

1. В ходе социалистической экономической интеграции возникает необходимость *постепенного переплетения* научных и производственных потенциалов народных хозяйств социалистических стран.   2. Интеграция экономики стран социализма – это объективный, планомерно регулируемый процесс *сближения, взаимного* согласования их национальных хозяйственных структур в международном хозяйственном комплексе.   3. Коопери́рование производства и научно-технических

работ успешно развивается в новейших отраслях промышленности, *в первую очередь* в производстве средств автоматизации и механизации. 4. Совместное проведение комплексных *исследований* учёными социалистических стран, координация планов научных работ являются одним из эффективных видов международного сотрудничества на современном этапе. 5. *Наряду с* традиционными формами сотрудничества развивались новые, более эффективные формы. 6. Значение Комплексной программы состоит прежде всего в том, что она предусматривает более тесное объединение *усилий* стран-членов СЭВ в решении экономических задач. 7. Необходимо согласование действий государственных органов, направляющих науку и технику, *капитальное строительство*, производство, *внешнюю торговлю*.

5.1.2. Grammatische Übungen

5.1.2.1. Das Passiv – Wiederholung und Zusammenfassung (vgl. Leitfaden, § 89; Sprachlehre, Ziff. 198–202)

Eine Handlung im Präsens Passiv wird ausgedrückt durch ein unvollendetes Verb mit der Partikel -ся.

Лейпцигская ярмарка *проводится* два раза в год. (Die Leipziger Messe wird zweimal jährlich durchgeführt.)

Ein Zustand im Präsens Passiv wird durch die Kurzform des Partizips Präteritum Passiv zum Ausdruck gebracht.

При социализме каждый трудящийся *заинтересован* в развитии производства. (Im Sozialismus ist jeder Werktätige an der Entwicklung der Produktion interessiert.)

Eine Handlung im Präteritum Passiv wird bezeichnet:

a) *durch die Vergangenheitsform eines unvollendeten Verbs mit der Partikel -ся*

Органами СЭВ постоянно *разрабатывались* новые формы экономического сотрудничества. (Von den Organen des RGW wurden ständig neue Formen der ökonomischen Zusammenarbeit erarbeitet.)

b) *durch die Kurzform des Partizips Präteritum Passiv in Verbindung mit dem Präteritum von быть*

Специальными рабочими группами СЭВ *была разработана* Комплексная программа. (Von speziellen Arbeitsgruppen des RGW wurde das Komplexprogramm ausgearbeitet.)

Ein Zustand im Präteritum Passiv wird durch die Kurzform des Partizips Präteritum Passiv in Verbindung mit dem Präteritum von быть ausgedrückt.
Окно *было открыто*. (Das Fenster war geöffnet [offen]).

(Zum unterschiedlichen Gebrauch der Aspekte vgl. 4.3.2.1.)

Eine Handlung im Futur Passiv wird bezeichnet:

a) *durch den Infinitiv eines unvollendeten Verbs mit der Partikel -ся in Verbindung mit dem Futur von быть*

Природный газ из Советского Союза будет использоваться в химической промышленности в качестве сырья. (Das Erdgas aus der Sowjetunion wird in der chemischen Industrie als Rohstoff genutzt werden.)

b) *durch die Kurzform des Partizips Präteritum Passiv in Verbindung mit dem Futur von быть*

Новый комбинат *будет построен* коллективами социалистического труда. (Das neue Kombinat wird von Kollektiven der sozialistischen Arbeit errichtet werden.)

In allen Passivsätzen steht das Substantiv, das den Urheber der Handlung bezeichnet, stets im Instrumental.

Материальные потребности населения удовлетворяются *производством.* (Die materiellen Bedürfnisse der Bevölkerung werden durch die Produktion befriedigt.)

5.1.2.2.   Übersicht zur Wiedergabe des Passivs

	uv. Aspekt	vo. Aspekt
Präsens		
Das Werk wird gebaut	завод строится	
Präteritum		
Das Werk wurde gebaut (ist, war gebaut worden)	завод строился	завод (был) построен
Futur		
Das Werk wird gebaut werden (worden sein)	завод будет строиться	завод будет построен

5.1.2.3.   Lesen Sie die folgenden Sätze! Achten Sie dabei auf das Passiv und seine Übersetzung!

1. В экономической литературе интеграция рассматривается как процесс сближения национальных хозяйств отдельных стран. (In der ökonomischen Literatur wird die Integration als Prozeß der Annäherung der nationalen Wirtschaften der einzelnen Länder betrachtet.)

2. Наряду с координацией пятилетних планов осуществлялись и другие формы сотрудничества. (Neben der Koordinierung der Fünfjahrpläne wurden auch andere Formen der Zusammenarbeit realisiert.)

3. Путём максимальной концентрации усилий и средств будет достигнуто быстрое движение вперёд в области научных исследований и разработки передовой технологии. (Durch maximale Konzentration der Kräfte und Mittel wird eine schnelle Entwicklung auf dem Gebiet der [wissenschaftlichen] Forschungen und der Ausarbeitung einer fortschrittlichen Technologie erreicht werden.)

4. На современном этапе интеграции самостоятельных народных хозяйств предусматривается в первую очередь согласование экономических структур. (In der gegenwärtigen Etappe der Integration selbständiger Volkswirtschaften ist in erster Linie die Abstimmung der ökonomischen Strukturen vorgesehen.)

5. Эти мероприятия направлены на повышение эффективности труда. (Diese Maßnahmen sind auf die Erhöhung der Effektivität der Arbeit gerichtet.)

6. Путём концентрации усилий братских стран в капитальном строительстве будет повышаться эффективность капиталовложений. (Durch die Konzentration der Kräfte der Bruderländer beim Investbau wird die Effektivität der Investitionen erhöht werden.)

5.1.2.4. **Bestimmen Sie Tempus und Aspekt der *kursiv gedruckten* Verbformen! Übersetzen Sie die Sätze!**

1. Государственный план успешно *выполняется* работниками нашего завода. 2. Текущие планы постоянно *выполнялись* этим предприятием. 3. Задания по совместному прогнозированию в важнейших отраслях хозяйства *будут выполняться* социалистическими странами. 4. Годовой план *был выполнен* 20 декабря. 5. Задачи нашего института *будут выполнены* всем коллективом.

5.1.2.5. ■ ■ **Übersetzen Sie die folgenden Sätze!**

1. Потреблять можно только то, что произведено, что создано руками человека. 2. При коммунизме будет осуществляться следующий принцип распределения: „От каждого по способностям, каждому по потребностям". 3. По инициативе СЭВ был создан Международный банк экономического сотрудничества. 4. Постоянная пропорциональность осуществляется в ходе планомерно организуемой производственной деятельности трудящихся. 5. Осуществлённые правительством мероприятия направлены на улучшение условий труда. 6. Изделия, которые выпускаются на этом заводе, идут на экспорт.

Социалистическая экономическая интеграция

Социалистическая экономическая интеграция стран-членов СЭВ является комплексным явлением, связанным как с производительными силами, так и с производственными отношениями. Она направлена на широкое развёртывание международного социалистического разделения труда с целью достижения планомерного взаимного согласования народнохозяйственных структур стран-членов СЭВ. Это длительный процесс.

Современный этап характеризуется постепенным переплетением научных и производственных потенциалов народных хозяйств отдельных стран. Большая работа в этом направлении проводится со стороны СЭВ. В настоящее время координация планов развития народного хозяйства является наиболее важным фактором сотрудничества. Предусматривается совместное планирование в отдельных отраслях народного хозяйства с учётом интересов каждой социалистической страны и содружества в целом. Сотрудничество в области плановой деятельности опирается на совместные программы. Особое значение имеют долгосрочные целевые программы сотрудничества стран-членов СЭВ в важнейших областях материального производства и транспорта. Ведётся совместное прогнозирование развития экономики, науки и техники в важнейших отраслях. Для удовлетворения потребностей социалистических стран в различных видах сырья и энергии используются такие формы сотрудничества, как строительство совместными силами шахт и предприятий, нефтепроводов, газопроводов и линий электропередачи. Практика показывает, что это сотрудничество даёт большой эффект.

В области научных исследований и разработки передовой технологии быстрое движение вперёд может быть достигнуто только путём максимальной концентрации усилий и средств.

Широко развились и внешнеторговые отношения социалистических стран. Важным событием явилось создание Международного банка экономического сотрудничества для осуществления многосторонних расчётов.

Сессии СЭВ обратили внимание на необходимость более глубокой специализации промышленного производства, а также концентрации усилий братских стран в капитальном строительстве. Было принято решение о создании Инвестиционного банка стран-членов СЭВ.

Достигнутые результаты сотрудничества подтверждают правильность предусмотренного Комплексной программой пути развития стран-членов СЭВ.

1. Социалистическая экономическая интеграция предусматривает согласование экономических структур путём координации планов, планирования внешней торговли, а также кредитной и финансовой политики.   2. При планировании производства надо учитывать интересы каждой отдельной страны и содружества в целом.   3. Для удовлетворения потребностей социалистических стран в сырьё и энергии проводится совместное строительство шахт, предприятий, нефтепроводов и газопроводов.   4. В целях многосторонних расчётов в 1963 году был создан Международный банк экономического сотрудничества.

5.1.3.3.	**Sagen Sie, daß**

1. die umfassende Teilnahme der DDR an der Integration eine entscheidende Voraussetzung für ihre stabile ökonomische und soziale Entwicklung ist;   2. die planmäßige Entwicklung der Exportproduktion der RGW-Länder in Übereinstimmung mit dem Bedarf der verschiedenen Partner in den sozialistischen Ländern eine wichtige Bedingung für die enge Verflechtung der sozialistischen Wirtschaften ist;   3. eine Reihe von Maßnahmen der Befriedigung des Brenn- und Rohstoffbedarfs der sozialistischen Länder dient, z. B. der gemeinsame Bau von Betrieben, Erdöl- und Gasleitungen u. a.;   4. vorgesehen ist, die Wirtschaften der RGW-Länder insgesamt unter Berücksichtigung der Interessen jedes einzelnen Landes zu entwickeln;   5. dabei die gemeinsame Planung der Produktion eine wichtige Rolle spielt.

5.2.	**ABSCHNITT 2**

5.2.1.	**Einführung**

5.2.1.1.	**Wiederholen Sie die folgenden Wörter!**

автозаво́д	Automobilwerk
дета́ль, -и	Detail, Einzelteil
заня́ться *сов.* (чем); займу́сь, -мёшься занима́ться	sich beschäftigen (mit etw.)
занима́ться экономи́ческими пробле́мами	sich mit ökonomischen Problemen beschäftigen
и др.	u. a.
населе́ние	Bevölkerung
поста́вить *сов.*; -ста́влю, -ста́вишь ста́вить	stellen
ста́вить зада́чу	eine Aufgabe stellen

пожелáть *сов.* (чегó)	(etw.) wünschen
желáть	
желáть успéхов	Erfolge wünschen
проблéма	Problem
профсоюз	Gewerkschaft
экспортúровать *сов. и несов.*; -рую, -руешь	exportieren

5.2.1.2. ● ● **Hören und lesen Sie den Satz! Sprechen Sie den Satz nach! Hören Sie den Satz noch einmal!**

1. Экономика стран-членов СЭВ в *последующие* годы будет дальше развиваться. — *folgende*

2. Хозяйственное строительство стран СЭВ *развёртывается* под воздействием социалистической экономической интеграции. — *entfaltet sich*

3. На одно из первых мест *выдвигается* развитие машиностроения. — *rückt*

4. Страны СЭВ *выпускают* уже большую часть промышленной продукции мира. — *stoßen aus, produzieren*

5. Важную роль в области транспорта играют *меры*, направленные на расширение единой контейнерной системы. — *Maßnahmen*

6. В рамках социалистической экономической интеграции рационализируется транспортировка *штучных грузов.* — *Stückgüter*

7. Осуществляется рационализация *перевозок некоторых* товаров между братскими странами. — *Transporte einige*

8. Создание единой контейнерной транспортной системы *означает подлинную* революцию на транспорте. — *bedeutet; echte*

9. Контейнерная система *содействует* рационализации перевозок. — *fördert*

10. Работа органов СЭВ *способствует* углублению *разделения труда.* — *fördert Arbeitsteilung*

5.2.1.3. **Lesen Sie die neuen lexikalischen Einheiten in der Grundform!**

послéдующий	(нächst)folgend
в послéдующие гóды	in den nächsten Jahren
развернýться *сов.*	sich entfalten
развёртываться	
вýдвинуть *сов.*	hervorheben
выдвигáть	
выдвигáть(ся) на пéрвое мéсто	an die erste Stelle rücken
вýпустить *сов.*; -пущу, -пустишь	ausstoßen, produzieren
выпускáть	

контéйнерная трáнспортная систéма	Container-Transportsystem
мéра	Maßnahme
принять мéры	Maßnahmen ergreifen
содéйствовать *сов. и несов.* (чему); -ствую, -ствуешь	beitragen (zu etw.), fördern
способствовать *сов. и несов.* (чему); -ствую, -ствуешь	beitragen (zu etw.), fördern
способствовать развúтию	zur Entwicklung beitragen
перевóзка	Transport, Beförderung
нéкоторый	ein gewisser, *Pl.* einige
штýчный груз	Stückgut
означáть	bedeuten
пóдлинный	echt, wahrhaftig
разделéние трудá	Arbeitsteilung

5.2.1.4. Lesen und vergleichen Sie!

1. усúлие	Anstrengung, Kraft
усúлиться *сов.*, усúливаться	sich verstärken
Экономика стран СЭВ развивается под усиливающимся воздействием социалистической экономической интеграции.	Die Wirtschaft der RGW-Länder entwickelt sich unter dem zunehmenden Einfluß der sozialistischen ökonomischen Integration.
2. развернýть *сов.*, развёртывать	entfalten
развёртывание	Entfaltung
Развёртывание интеграции в области машиностроения является важным процессом.	Die Entfaltung der Integration auf dem Gebiet des Maschinenbaus ist ein wichtiger Prozeß.
3. скóрый	schnell
ускорéние	Beschleunigung
В области машиностроения имеется крупный резерв ускорения интеграционных процессов.	Auf dem Gebiet des Maschinenbaus sind große Reserven zur Beschleunigung der Integrationsprozesse vorhanden.
4. удовлетворéние	Befriedigung
удовлетворúть *сов.*, удовлетворять	befriedigen
Производство постоянно удовлетворяет материальные потребности населения.	Die Produktion befriedigt ständig die materiellen Bedürfnisse der Bevölkerung.

5.2.1.5. Lesen Sie die folgenden Internationalismen!

автомобúль, агрáрный (agrarisch, landwirtschaftlich), Болгáрия, индустриализáция, инициатúва, интеграциóнный, консультáция, кооперúрованный (Kooperations-), перńод, проéктно-констрýкторский (Projektierungs- und Konstruktions-), рационализńровать, резéрв, специализńрованный, стандáрт ('Standard, Norm), трáнспорт (Transport, Verkehr), транспортирóвка (Transport, Beförderung), унификáция (Unifikation, Vereinheitlichung), э́кспортный

5.2.1.6. Übersetzen Sie!

1. Социалистическая экономическая интеграция *означает* более эффективное использование преимуществ социализма. 2. В братских странах и в органах СЭВ *развернулась* большая работа по осуществлению долгосрочных целевых программ сотрудничества. 3. Соглашение о совместном планировании материально-технической базы контейнерной транспортной системы поможет организовать эффективную систему *перевозки* грузов, особенно *штучных грузов*. 4. Осуществление комплекса намеченных мероприятий будет *означать подлинную* техническую революцию на транспорте. 5. XXVI съезд КПСС разработал широкую программу реализации научно-технических достижений *в последующие* годы. 6. Съезд *выдвинул* на одно из первых мест проблему тесной связи достижений научно-технической революции с преимуществами социалистической системы хозяйства. 7. *Меры,* которые были приняты для расширения единой контейнерной транспортной системы, рационализируют *перевозки* товаров. 8. За пятилетие намечается увеличить производство *некоторых* видов оборудования.

5.2.2. Grammatische Übungen

5.2.2.1. Zur Rektion der Verben (vgl. Leitfaden, §§ 141–145; Sprachlehre, Ziff. 267 bis 272)

Nachstehende Verben zeigen eine vom Deutschen abweichende Rektion:

1. пожелать *сов.*, желать (чего)	(etw.) wünschen
желать успеха	Erfolg wünschen
2. достигнуть *сов.*, достигать (чего)	(etw.) erreichen
достигнуть высокого уровня	ein hohes Niveau erreichen
3. потребовать *сов.*, требовать (чего)	(etw.) fordern, erfordern, verlangen
требовать пропорциональ- ности	Proportionalität erfordern
4. содействовать (чему)	beitragen (zu etw.), fördern
способствовать (чему)	beitragen (zu etw.), fördern
способствовать развитию	zur Entwicklung beitragen

5. заняться *сов.*, заниматься (чем) заниматься русским языком	sich beschäftigen (mit etw.) sich mit der russischen Sprache beschäftigen (Russisch lernen)
6. руководить (чем) руководить заводом	(etw.) leiten ein Werk leiten
7. стать *сов.*, становиться (чем) стать главной задачей	(etw.) werden zur Hauptaufgabe werden
8. интересоваться (чем) интересоваться экономическими проблемами	sich interessieren (für etw.) sich für ökonomische Probleme interessieren
9. быть заинтересованным (в чём) Он заинтересован в работе.	interessiert sein (an etw.) Er ist an der Arbeit interessiert.
10. участвовать (в чём) участвовать в съезде	teilnehmen (an etw.) am Kongreß teilnehmen

5.2.2.2. **Lesen Sie die folgenden Sätze! Achten Sie dabei auf die Rektion der *kursiv gedruckten* Verben!**

1. Интеграция в области транспорта *требует* мер по расширению контейнерной системы. 2. Все страны-члены СЭВ в последующие годы будут *участвовать* в углублении социалистической экономической интеграции. 3. Развёртывание интеграционных процессов в области машиностроения *стало* важной проблемой сотрудничества. 4. Необходимо *достигнуть* рационализации перевозок некоторых грузов, особенно штучных. 5. При социализме нужно *руководить* народным хозяйством на основе сознательного использования экономических законов. 6. Все страны-члены СЭВ *заинтересованы* в развёртывании интеграционных процессов. 7. Специалисты стран СЭВ *интересуются* вопросами интеграции в области машиностроения, так как здесь создаётся основной материальный элемент научно-технической революции. 8. Наука *содействует* внедрению новых рациональных методов организации производства. 9. Развитие социалистической экономической интеграции *способствует* достижению самого высокого научно-технического уровня производства. 10. Правительство постоянно *занимается* вопросами руководства народным хозяйством.

5.2.2.3. **Erfragen Sie die *kursiv gedruckten* Satzglieder!**

Muster: а) Коммунистическая партия большевиков во главе с В. И. Лениным руководила *революцией* в 1917 г.

б) Чем руководила Коммунистическая партия большевиков в 1917 г.?

1. Социалистические страны достигли *больших успехов* в развитии промышленного производства. 2. Удовлетворение материальных и культурных потребностей населения стало *целью* производства только при социализме. 3. ГДР экспортирует в Болгарию оборудование для крупных предприятий и таким образом участвует в *индустриализации* Болгарии. 4. Развитие народного хозяйства требует *концентрации* средств. 5. Страны СЭВ заинтересованы *в расширении* единой транспортной системы, так как эта система рационализирует перевозки товаров. 6. Кооперирование содействует *повышению* эффективности производства. 7. Представители внешнеторговых предприятий занимались *вопросами* улучшения качества продукции.

5.2.2.4. ■ ■ **Vervollständigen Sie die Sätze in möglichst vielen Varianten! Achten Sie dabei auf die Rektion der Verben!**

1. Социалистическая экономическая интеграция содействует ... 2. Дальнейшее углубление сотрудничества между социалистическими странами требует ... 3. Весной и осенью в Лейпциг приезжают представители многих стран, чтобы участвовать ... 4. Так как ГДР имеет мало сырья, она заинтересована ... 5. В рамках СЭВ социалистические страны достигли ... 6. Постоянная комиссия по машиностроению занимается ...

5.2.2.5. Übersetzen Sie!

1. Der Rat für Gegenseitige Wirtschaftshilfe trägt zur Entwicklung der Zusammenarbeit zwischen den Mitgliedsländern bei. 2. Der RGW ist an der ständigen Vervollkommnung der Wirtschaftstätigkeit der einzelnen Länder interessiert. 3. Die Entwicklung der Außenhandelsbeziehungen der sozialistischen Länder erfordert auch eine Verbesserung des Transportwesens. 4. Er hat sich schon viel mit wirtschaftlichen Problemen befaßt. 5. Wir werden unsere Ziele mit gemeinsamen Kräften erreichen. 6. Durch die Einführung der neuesten technischen Errungenschaften wird die Wissenschaft zur unmittelbaren Produktivkraft.

5.2.3. Textteil

5.2.3.1. ● ● **Hören und lesen Sie den Text! Übersetzen Sie!**

Развитие интеграции в машиностроении стран СЭВ
Хозяйственное строительство стран СЭВ развёртывается под усиливающимся воздействием социалистической экономической интеграции.

Среди проблем дальнейшего углубления и совершенствования сотрудничества стран СЭВ на одно из первых мест выдвигается развёртывание интеграционных процессов в области машиностроения, в котором создаётся основной материальный элемент научно-технической революции – техника.

Главными направлениями интеграционных мер в этой области являются: координация планов развития машиностроения, международная специализация и кооперирование производства, координация научных и технических исследований и проектно-конструкторских работ, унификация национальных стандартов, и др.

. В соответствии с Комплексной программой намечается более тесное объединение имеющихся ресурсов заинтересованных стран СЭВ для решения важнейших проблем машиностроения. В этой области имеется крупный резерв ускорения интеграционных процессов – основной источник быстрого роста взаимной торговли.

В соответствии с решениями СЭВ это сотрудничество осуществляется прежде всего в производстве таких изделий, которые имеют особое значение для дальнейшего научно-технического прогресса. Специализированное производство удовлетворяет не только экспортные, но и внутренние потребности стран, и таким образом обеспечивается высокий уровень эффективности производства.

Эффективное решение многих отраслевых проблем сотрудничества стран СЭВ требует также интеграции в области транспорта. Важное место среди интеграционных мероприятий в области машиностроения занимают меры, направленные на расширение единой контейнерной системы. Эта система содействует рационализации перевозок некоторых, особенно штучных, грузов между братскими странами. При этом большую роль играют специализация и кооперация в области производства технических средств для контейнерной транспортной системы. Эта система означает подлинную революцию на транспорте.

5.2.3.2.   Übersetzen Sie die folgenden Wendungen!

1. unter dem Einfluß der sozialistischen ökonomischen Integration,   2. die aktive Teilnahme an der Realisierung des Komplexprogramms,   3. der laufende Fünfjahrplan,   4. bedeutende Mengen an Erzeugnissen,   5. die Koordinierung wissenschaftlicher und technischer Untersuchungen,   6. in Übereinstimmung mit dem Abkommen,   7. die Lieferung von Maschinen und Ausrüstungen,   8. den Export- und Inlandsbedarf befriedigen, 9. die Schaffung eines einheitlichen Container-Transportsystems,   10. zur Steigerung der Arbeitsproduktivität beitragen.

5.2.3.3.   Fragen Sie Ihren Gesprächspartner,

1. unter welchen Bedingungen sich der wirtschaftliche Aufbau der Länder des RGW vollzieht (entfaltet),   2. auf welchem Gebiet die ökonomische

und wissenschaftlich-technische Zusammenarbeit der Länder des RGW eine besonders große Rolle spielt,   3. welcher Zweig die Grundlage der wissenschaftlich-technischen Revolution darstellt,   4. worin die hauptsächlichen Aufgaben im Bereich der Integrationsmaßnahmen bestehen,   5. auf welche Weise der Export- und Inlandsbedarf eines Landes befriedigt werden kann,   6. welche Bedeutung das einheitliche Container-Transportsystem hat.

5.2.3.4.   ● ●   **Hören Sie den Text! Geben Sie danach den Inhalt in russischer Sprache wieder!**

5.3.   **ABSCHNITT 3**

5.3.1.   **Einführung**

5.3.1.1.   **Wiederholen Sie die folgenden Wörter!**

быть согла́сным	einverstanden sein
война́	Krieg
втора́я мирова́я война́	zweiter Weltkrieg
послевое́нный	Nachkriegs-
в послевое́нный пери́од	in der Nachkriegszeit
основа́ть *сов.*	begründen
осно́вывать	
разме́р	Umfang, Größe

5.3.1.2.   ● ●   **Hören und lesen Sie den Satz! Sprechen Sie den Satz nach! Hören Sie den Satz noch einmal!**

1. В большинстве капиталистических банков право решающего *голоса* имеет тот, у кого больше акций.   *Stimme*

2. Товарный *оборот* стран-членов СЭВ постоянно увеличивается.   *Umsatz*

3. Принципы деятельности социалистических банков – *равноправие* всех стран-членов и *уважение* их суверенитета.   *Gleich-berechtigung Achtung*

4. Каждый член банка имеет один голос, независимо от *доли в уставном капитале.*   *Anteil am Gründungskapital*

5. Решения по принципиальным вопросам принимаются *единогласно.*   *einstimmig*

6. Решения принимаются единогласно, *причём* Совет банка принимает решение, если представлено не менее трёх *четвертей* членов.   *wobei*   *Viertel*

7. Совет банка может принять решение, если на его *заседании* представлено не менее трёх четвертей стран-членов.   *Sitzung*

8. Высшим органом *управления* банком является Совет данного банка.   *Leitung*

9. Представители Совета *назначаются* правительствами.   *werden ernannt*

10. Любая страна, которая хочет стать членом банка, может *подать* об этом *заявление* в Совет банка.   *ein Gesuch einreichen*

11. Страна, вступающая в банк, *принимает на себя* определённые *обязательства*.   *übernimmt Verpflichtungen*

12. Обязательства вытекают из *устава* банка.   *Statut*

13. Страны-организаторы банка *договорились*, что кредиты *предоставляются* только на объекты народнохозяйственного значения.   *kamen überein werden gewährt*

14. *Предоставление* кредитов зависит от эффективности кредитуемого объекта.   *Gewährung*

15. Ряд экономических критериев позволяет *оценить* эффективность кредитуемого объекта.   *einschätzen*

16. Создание Международного инвестиционного банка – важный *шаг* на пути развития социалистической интеграции.   *Schritt*

17. *Согласно* уставу любая страна может стать членом банка.   *laut*

5.3.1.3.   Lesen Sie die lexikalischen Einheiten in der Grundform!

го́лос	Stimme
оборо́т	Umlauf, Umsatz
равнопра́вие	Gleichberechtigung
уваже́ние	Achtung
до́ля в	Anteil an
до́ля в капита́ле	Anteil am Kapital, Kapitalanteil
уста́вный капита́л	Stammkapital, Gründungskapital
единогла́сный	einstimmig
че́тверть, -и	Viertel
заседа́ние	Sitzung
назна́чить *сов.*; -зна́чу, -зна́чишь	bestimmen, ernennen
назнача́ть	
пода́ть *сов.*; -да́м, -да́шь, -да́ст, -дади́м, -дади́те, -даду́т	einreichen
подава́ть	
заявле́ние	Erklärung, Gesuch
приня́ть на себя́ *сов.*	übernehmen
принима́ть на себя́	
раздели́ть *сов.*; -делю́, -де́лишь	teilen
разделя́ть	

уста́в	Statut
предоста́вить *сов.*; -ста́влю, -ста́вишь	gewähren
предоставля́ть	
предоставле́ние	Gewährung, Bewilligung
предоставле́ние креди́тов	Kreditausreichung
договори́ться *сов.*; -говорю́сь, -говори́шься	übereinkommen, vereinbaren
догова́риваться	
оцени́ть *сов.*; -еню́, -е́нишь	einschätzen, beurteilen
оце́нивать	
шаг	Schritt
управле́ние (чем)	Leitung
управле́ние ба́нком	Leitung der Bank
согла́сно (чему)	gemäß, laut
согла́сно уста́ву	gemäß Statut

5.3.1.4. Lesen und vergleichen Sie!

1. сре́дство
   непосре́дственный
   МИБ непосре́дственно участвует в создании материально-технической базы стран социализма.

   Mittel
   unmittelbar, direkt
   Die IIB nimmt unmittelbar an der Schaffung der materiell-technischen Basis der sozialistischen Länder teil.

2. сре́дний срок
   среднесро́чный
   МИБ предоставляет средне-срочные кредиты.

   mittlere Frist
   mittelfristig
   Die IIB gewährt mittelfristige Kredite.

3. соотве́тствие
   соотве́тствовать
   Кредитуемые объекты должны соответствовать современ-ному научно-техническому уровню.

   Übereinstimmung
   übereinstimmen, entsprechen
   Die zu kreditierenden Objekte müssen dem derzeitigen wissen-schaftlich-technischen Stand entsprechen.

4. указа́ть *сов.*, ука́зывать
   указа́ние
   Было подано заявление с ука-занием, что данная страна разделяет цели банка.

   angeben, hinweisen
   Angabe, Hinweis
   Es wurde ein Gesuch mit dem Hin-weis eingereicht, daß das betreffende Land die Ziele der Bank teilt.

5. разви́тие
   разви́ться *сов.*, развива́ться
   развива́ющаяся страна́
   Торговля социалистических стран с развивающимися странами постоянно увеличи-вается.

   Entwicklung
   sich entwickeln
   Entwicklungsland
   Der Handel der sozialistischen Länder mit den Entwicklungs-ländern vergrößert sich ständig.

áкция (Aktie), бáнковский (Bank-), докумéнт, инвестúция, кандидáт, критéрий (Kriterium, Merkmal), недемократúческий, объéкт, организáтор, официáльный, протокóл, суверенитéт, финансúрование

5.3.1.6. Übersetzen Sie!

1. Независимо от *доли в уставном капитале*, все страны-члены МБЭС являются равноправными партнёрами.   2. На *заседании* Совет МИБ определил задачи Банка на предстоящий период.   3. XXV сессия стран-членов СЭВ *единогласно* приняла Комплексную программу. 4. Страны-члены Банка выступают за расширение экономических и научно-технических связей со всеми странами на основе *равноправия* и уважения их суверенитета.   5. Членами МИБ могут быть не только страны СЭВ, но и другие страны, *принимающие на себя* соответствующие *обязательства*.   6. Основной задачей МИБ согласно *уставу* является реализация капиталовложений, связанных с развитием социалистической экономической интеграции.   7. Чтобы вступить в члены Банка, каждая страна должна *подать* официальное *заявление*. 8. За кандидатов было *подано* девять *голосов*.   9. По соглашению между правительством СССР и правительством ФРГ *договаривающиеся* стороны будут развивать культурный обмен.   10. Члены комиссии *назначаются* каждой из участвующих сторон.   11. Подписанный протокол о товарообороте между СССР и ГДР на текущий год является крупным *шагом* в деле укрепления торгово-экономических отношений между нашими странами.   12. Размер кредитов, *предоставление* которых осуществляется Международным банком экономического сотрудничества, постоянно увеличивается.   13. За последние годы вырос *оборот* внешней торговли Советского Союза с развивающимися странами.   14. Комплексная программа, принятая в июне 1971 года, была высоко *оценена* партиями и правительствами стран-членов СЭВ как документ большого политического значения.

5.3.2.   Grammatische Übungen

5.3.2.1.   Modalwörter (vgl. Leitfaden § 131; Sprachlehre, Ziff. 261-266)

Modalwörter drücken die Beziehung des Subjekts zur Handlung aus. Die Handlung selbst wird durch den Infinitiv des Verbs bezeichnet.

Der Begriff „müssen, sollen" kann durch надо, нужно *in unpersönlichen Konstruktionen wiedergegeben werden.*

Для правильного определения целей экономического развития *нужно* знать экономические законы. (Um die Ziele der ökonomischen Entwicklung richtig festlegen zu können, muß man die ökonomischen Gesetze kennen.)

In unpersönlichen Konstruktionen steht das logische Subjekt des Satzes, wenn vorhanden, stets im Dativ.

Нам *надо* объединить все силы для достижения этой цели. (Wir müssen alle Kräfte vereinen, um dieses Ziel zu erreichen.)

Zur Bezeichnung der Vergangenheit wird было, zur Bezeichnung der Zukunft будет hinzugefügt.

Этот вопрос *надо было* решить вчера, и мы его решили. (Diese Frage mußte gestern gelöst werden, und wir haben sie gelöst.)

На этот объект *надо будет* предоставить кредит. (Für dieses Objekt wird man einen Kredit gewähren müssen.)

Weitere unpersönliche Ausdrucksmöglichkeiten für „müssen, sollen" zeigt die folgende Tabelle.

Präsens	Präteritum	Futur
надо (нужно)	надо (нужно) было	надо (нужно) будет
необходимо	необходимо было	необходимо будет
приходится	пришлось	придётся
следует	следовало	–

Neben den unpersönlichen Ausdrücken ist zur Bezeichnung von „müssen, sollen" noch folgende persönliche Konstruktion gebräuchlich.

Коллектив *должен* выполнить план.
Бригада *должна* выполнить план.
Предприятие *должно* выполнить план.
Работники завода *должны* выполнить план.

Im Präteritum wird je nach Genus und Numerus был, была, было oder были, im Futur die dem Numerus und der Person entsprechende Form буду, будешь usw. angefügt.

Чтобы выполнить план, бригада *должна была* использовать все резервы. (Um den Plan zu erfüllen, mußte die Brigade alle Reserven einsetzen.)

Завтра мы *должны будем* провести конференцию. (Morgen werden wir eine Konferenz durchführen müssen.)

Der Begriff „können, dürfen" kann durch мочь (persönliche Konstruktion) und durch можно (unpersönliche Konstruktion) ausgedrückt werden.

Beachte dabei die unregelmäßige Konjugation von мочь:

Präsens: могу, можешь, может; можем, можете, могут
Futur (vo.):   смогу, сможешь, сможет ...
Präteritum: мог, могла, могло; могли

Совет банка *может* принять решение, если ... (Der Rat der Bank kann einen Beschluß fassen, wenn ...)

Эту работу *можно* выполнить за три дня. (Diese Arbeit kann man in drei Tagen erledigen.)

Die Verneinung zu можно lautet нельзя.

Эту машину *нельзя* использовать. (Diese Maschine kann man nicht benutzen.)

Auch bei можно und нельзя wird im Präteritum было, im Futur будет angefügt.

Нельзя было давать ему эту работу. (Man durfte ihm diese Arbeit nicht übertragen.)

Можно будет дать ему указания по этому делу. (Man wird ihm in dieser Sache Hinweise geben können.)

5.3.2.2. Lesen Sie die Sätze! Achten Sie dabei auf die Modalwörter und ihre Übersetzung!

1. МИБ должен обслуживать сферу капитальных вложений. (Die IIB soll in der Sphäre der Investitionen wirken.)
2. Чтобы стать членом МИБ, необходимо подать в Совет банка заявление и принять на себя обязательства, вытекающие из устава Банка. (Um Mitglied der IIB zu werden, muß man an den Rat der Bank ein Gesuch einreichen und die Verpflichtungen übernehmen, die sich aus dem Statut der Bank ergeben.)
3. Социалистические страны должны были создать международный банк в рамках СЭВ для финансирования и кредитования своих инвестиций. (Für die Finanzierung und Kreditierung ihrer Investitionen mußten die sozialistischen Länder eine internationale Bank im Rahmen des RGW schaffen.)
4. Создание МИБ можно оценить как важный шаг на пути развития социалистической экономической интеграции. (Die Gründung der IIB kann man als einen wichtigen Schritt auf dem Wege der Entwicklung der sozialistischen ökonomischen Integration einschätzen.)

5.3.2.3. Setzen Sie anstelle der Punkte die entsprechende Form von должен unter Berücksichtigung der in der Klammer angegebenen Zeitstufe ein!

1. Высший орган управления банками... (Präsens) состоять из представителей всех стран-членов, назначаемых правительствами. 2. Страны-организаторы МИБ ... (Präteritum) договориться о принципах предоставления кредитов. 3. Страна, желающая стать членом банка ... (Präsens) подать официальное заявление с указанием, что она разделяет цели и принципы деятельности банка. 4. Финансированием и

кредитованием инвестиций ... (Präsens) заниматься международные финансовые и банковские органы. 5. Планирование ... (Präsens) опираться на изучение общественных потребностей. 6. Мы ... (Futur) мобилизовать все силы, чтобы выполнить план.

5.3.2.4. Übersetzen Sie die folgenden Sätze!

1. Bei der Planung der Volkswirtschaft ist es notwendig, das erreichte Niveau der Produktion zu berücksichtigen. 2. Die Vertreter der Mitgliedsländer des RGW mußten sich mit wichtigen Fragen der weiteren Zusammenarbeit beschäftigen. 3. Für die erfolgreiche Lösung dieser Aufgabe werden wir zuerst bestimmte Voraussetzungen schaffen müssen. 4. Die sozialistischen Länder erweitern die Zusammenarbeit, mit deren Hilfe sie die Produktionsergebnisse verbessern können. 5. Beschlüsse zu prinzipiellen Fragen der Tätigkeit der IIB kann man nur einstimmig fassen.

5.3.3. Textteil

5.3.3.1. ● ● **Hören und lesen Sie den Text! Übersetzen Sie!**

Международный инвестиционный банк

В послевоенный период в мире был создан ряд международных финансовых и банковских органов, которые занимаются финансированием и кредитованием инвестиций, как, например, Международный банк реконструкции и развития. Советский Союз и другие социалистические страны не участвуют в этих банках прежде всего потому, что они не согласны с недемократическим характером решения многих вопросов. В большинстве этих банков право решающего голоса имеет тот, у кого больше акций.

В рамках СЭВ существует два банка: Международный банк экономического сотрудничества и Международный инвестиционный банк. МБЭС был создан в 1963 г. в целях осуществления многосторонних расчётов во взаимной торговле стран-членов СЭВ. МИБ был создан в 1970 г. и имеет задачу способствовать международному сотрудничеству в области капиталовложений (инвестиций) и поддерживать строительство определённых объектов в странах-членах СЭВ путём предоставления кредитов. Он непосредственно участвует в создании и укреплении материально-технической базы стран социалистического содружества. В отличие от капиталистических банков оба банка построены на другой основе: на полном равноправии и уважении суверенитета всех стран-членов. Каждый член банка имеет один голос, независимо от его доли в уставном капитале. Решения по принципиальным вопросам деятельности банка принимаются единогласно, а решения по другим вопросам принимаются большинством не менее трёх четвертей голосов. При этом Совет банка может принимать решения, если на его заседании представлено не менее трёх четвертей стран-членов. Высшим органом управления банками является Совет данного банка. Он состоит из представителей всех стран, назначаемых правительствами.

Любая страна, желающая вступить в члены банка, может подать об этом в Совет банка официальное заявление с указанием, что она разделяет цели и принципы деятельности банка и принимает на себя обязательства, вытекающие из Соглашения и Устава банка.

Международный инвестиционный банк предоставляет долгосрочные (сроком до 15 лет) и среднесрочные (до 5 лет) кредиты на цели капитального строительства. Страны-организаторы Банка договорились, что кредиты предоставляются на финансирование строительства только тех объектов, которые соответствуют современному научно-техническому уровню. Поэтому в кредитном соглашении предусматривается ряд экономических критериев, позволяющих оценить эффективность кредитуемого объекта.

Создание этого банка социалистических государств был важным шагом на пути развития социалистической экономической интеграции стран социалистического содружества.

5.3.3.2. Bilden Sie mit den folgenden Wendungen Sätze!

1. в послевоенный период, 2. участвовать в этих банках, 3. они не согласны с характером, 4. в рамках СЭВ, 5. банки построены на другой основе, 6. независимо от доли в уставном капитале, 7. принимаются решения по принципиальным вопросам, 8. представители, которые назначаются правительствами, 9. вступить в члены банка, 10. принимать на себя обязательства, 11. предоставлять кредиты на определённые цели, 12. объекты должны соответствовать, 13. оценить эффективность кредитуемого объекта.

5.3.3.3. Fragen Sie Ihren Gesprächspartner,

1. mit welchen Fragen sich die internationalen Finanz- und Bankorgane beschäftigen, 2. warum die Sowjetunion und andere sozialistische Staaten nicht an der Arbeit der Banken kapitalistischer Länder teilnehmen, 3. welche Aufgaben die Banken haben, die im Rahmen des RGW existieren, 4. auf der Grundlage welcher Prinzipien diese Banken arbeiten, 5. wer zum höchsten Leitungsorgan der Banken gehört, 6. wer Mitglied dieser Banken werden kann, 7. für den Bau welcher Objekte von der Internationalen Investitionsbank Kredite gewährt werden, 8. welche ökonomischen Kriterien in den Kreditabkommen vorgesehen sind.

5.3.3.4. Sprechen Sie unter Benutzung der deutschen Stichpunkte zu den folgenden Themen!

1. Сущность социалистической экономической интеграции. (Prozeß der Annäherung; Integration selbständiger Volkswirtschaften; Prozeß der sozialistischen internationalen Arbeitsteilung; Prozeß der Annäherung des ökonomischen Entwicklungsniveaus; Herausbildung stabiler Verbindungen auf dem Gebiet der Wirtschaft, Wissenschaft und Technik)
2. Формы сотрудничества на современном этапе социалистической интеграции. (Koordinierung der Pläne; Erarbeitung von Zielprogrammen; internationale Spezialisierung und Kooperation; wissenschaftliche und technische Zusammenarbeit; gemeinsamer Bau großer volkswirtschaftlicher Objekte; Vervollkommnung der Tätigkeit der Banken u. a.)
3. Интеграционные процессы в области машиностроения. (Hauptrichtungen der Integrationsmaßnahmen; Vereinigung der Ressourcen; Kooperationslieferungen; durch spezialisierte Produktion Befriedigung des Export- und Inlandbedarfs)
4. Значение контейнерной транспортной системы. (Integration auf dem Gebiet des Transportwesens; Rationalisierung bestimmter Transporte; Schaffung der technischen Voraussetzungen; Revolution im Transportwesen)
5. Характер банков стран-членов СЭВ. (zwei Banken; Aufgaben der Banken; Grundlage der Tätigkeit; Mitgliedschaft; Beschlußfassung)
6. Деятельность Международного инвестиционного банка. (Gewährung von Krediten; Finanzierung bestimmter Objekte; ökonomische Kriterien; welche Objekte werden von der Bank kreditiert; Unterstützung des Integrationsprozesses)

5.3.3.5. Lesen Sie den folgenden Text ohne Zuhilfenahme des Wörterbuchs! Fassen Sie den Inhalt des Textes in deutscher Sprache zusammen! Achten Sie dabei auf die folgenden Schwerpunkte!

– Auf welchen Prinzipien beruht die ökonomische und wissenschaftlich-technische Zusammenarbeit der RGW-Staaten mit den Entwicklungsländern?
– Wie fördert diese Zusammenarbeit die Entwicklung der Volkswirtschaften der Entwicklungsländer?
– Worin besteht die Besonderheit der ökonomischen Beziehungen der RGW-Länder zu den Entwicklungsländern?
– Welche Rolle spielen die staatlichen Kredite der RGW-Länder bei der Erfüllung der nationalen Entwicklungsprogramme?
– Zu welchem Zweck wurde in der IIB ein spzieller Kreditfonds für Entwicklungsländer gebildet?

- Wie unterstützen die RGW-Länder die Entwicklungsländer bei der Ausbildung von Kadern?

Сотрудничество стран-членов СЭВ с развивающимися странами

Страны-члены СЭВ выступают за широкое развитие экономического и научно-технического сотрудничества с другими странами, независимо от их общественного и государственного строя, на принципах равноправия, взаимной выгоды (Vorteil) и соблюдения суверенитета. При этом большое значение они придают дальнейшему укреплению экономических связей с молодыми независимыми государствами. Страны-члены СЭВ будут и дальше углублять сотрудничество с развивающимися странами, оказывать им необходимую поддержку в борьбе против империализма и неоколониализма.

Важным направлением сотрудничества стран-членов СЭВ с развивающимися государствами является оказываемое им содействие в индустриализации, увеличении масштабов и темпов производства. Осуществление указанных целей способствует укреплению позиций молодых национальных государств в их борьбе за укрепление экономической независимости, содействует консолидации и росту прогрессивных сил.

Государства-члены СЭВ выступают за то, чтобы экономические отношения между странами с различным социальным строем основывались на принципах мирного сосуществования и равноправного сотрудничества. В связи с этим особое значение имеет тот факт, что сотрудничество стран-членов СЭВ с развивающимися странами и оказание им экономического и технического содействия осуществляется на основе межправительственных соглашений, предусматривающих создание объектов, как правило, в ключевых отраслях экономики.

Особенностью экономических отношений стран СЭВ с развивающимися странами является то, что они не требуют права собственности на построенные за границей предприятия и объекты, не добиваются установления контроля над экономикой молодых национальных государств, а также каких-либо привилегий или иных преимуществ, противоречащих национальному суверенитету.

Экономическое и техническое содействие стран СЭВ молодым государствам направлено главным образом на развитие важнейших отраслей экономики, её государственного сектора, что способствует укреплению экономической независимости.

Долгосрочные государственные кредиты стран-членов СЭВ играют важную роль в финансировании программ национального развития и, в отличие от кредитов западных стран, не связаны с какими-либо политическими и экономическими условиями, направленными против суверенитета молодых независимых государств. Существенным является и то, что кредиты стран СЭВ способствуют развитию их торговли с развивающимися странами.

1973 год был началом новой фазы сотрудничества с развивающимися странами. В Международном инвестиционном банке (МИБ) образован специальный фонд кредитования мероприятий по оказанию экономического и технического содействия развивающимся странам. Фонд должен содействовать развитию национальных хозяйств развивающихся стран, укреплению их экономической независимости, а также расширению на взаимовыгодных условиях внешнеэкономических связей со странами-участницами фонда.

В широком плане проводится подготовка специалистов и квалифицированных рабочих.

Для содействия организации национальной системы образования страны-члены СЭВ ежегодно направляют большое число специалистов и преподавателей на работу в развивающиеся страны.

Из года в год увеличивается число специалистов, получающих высшее и среднее специальное образование в учебных заведениях стран-членов СЭВ. Подготовка высококвалифицированных кадров проводится по специальностям, имеющим важное значение для экономики соответствующих развивающихся стран.

Расширяющееся из года в год сотрудничество стран СЭВ с развивающимися государствами способствует их быстрому движению вперёд по пути завоевания экономической независимости, подъёма жизненного уровня населения, решения актуальных социально-экономических проблем в интересах народа, в интересах сил прогресса.

6. Междрународные организации –
их цели и задачи

6.1. ABSCHNITT 1

6.1.1. Einführung

6.1.1.1. Wiederholen Sie die folgenden Wörter!

боро́ться за; борю́сь, бо́решься	kämpfen (für etw.)
боро́ться за мир	für den Frieden kämpfen
борьба́	Kampf
борьба́ за мир	Friedenskampf
вое́нный	Militär-, Kriegs-
вступле́ние	Eintritt
за́пад	Westen
на за́паде	im Westen
за́падный	westlich, West-
защи́та	Schutz
защити́ть *сов.*; -щищу́, щити́шь защища́ть	schützen
си́льный	stark
статья́	Artikel
оста́ться *сов.*; -ста́нусь, -ста́нешься оставáться; -стаю́сь, -стаёшься	bleiben
пока́	solange
сою́з	Bündnis, Union

6.1.1.2. ● ● Hören und lesen Sie den Satz! Sprechen Sie den Satz nach! Hören Sie den Satz noch einmal!

1. После заключения Парижских соглашений *ФРГ* была включена в НАТО.   BRD

2. После вступления в НАТО ФРГ стала открыто *вооружаться*.   aufrüsten

3. *Вооружение* ФРГ усилило *угрозу* европейскому миру.   Aufrüstung Bedrohung

4. Вооружение ФРГ сильно увеличило международ-ную *напряжённость* в Европе.   Spannung

5. Западная Германия стала *очагом* напряжённости на Европейском континенте.   Herd

6. Западная Германия со своей реваншистской политикой стала главным очагом *опасности* в Европе.   *Gefahr*

7. Вооружение Западной Германии *побудило* социалистические государства заключить Варшавский договор.   *veranlaßte*

8. Государства-участники Варшавского договора консультируются по всем вопросам, *затрагивающим* их общие интересы.   *berühren*

9. Защита социалистических *завоеваний* была и остаётся одной из важнейших задач.   *Errungenschaften*

10. Монополисты не были и не будут заинтересованы в *разоружении*.   *Abrüstung*

11. Государства-участники Варшавского договора борются за *прекращение* холодной войны и за *прочный* мир.   *Einstellung* *dauerhaft*

12. *Поскольку* существуют капиталистические и социалистические страны, мирное сосуществование является необходимостью.   *da*

13. Сначала была *образована* ФРГ, а затем была основана ГДР.   *gebildet*

14. Социалистическое содружество образует *неразрывное* целое.   *untrennbar*

15. Укрепление социалистического строя в каждой отдельной стране, а также укрепление отношений во всём социалистическом содружестве – *таковы* условия успешной борьбы за осуществление принципов мирного сосуществования.   *so sind*

16. Люди разных *убеждений* борются за мир.   *Überzeugungen*

17. Проблема европейской безопасности может быть решена совместными усилиями всех миролюбивых людей, независимо от их идеологических *воззрений*.   *Anschauungen*

6.1.1.3.   **Lesen Sie die neuen lexikalischen Einheiten in der Grundform!**

Федеративная Республика Германии (ФРГ)	Bundesrepublik Deutschland (BRD)
вооружение	Aufrüstung
разоружение	Abrüstung
вооружиться *сов.*	aufrüsten
вооружаться	
угроза (чему)	Bedrohung
угроза миру	Bedrohung für den Frieden
напряжённость, -и	Spannung
разрядка напряжённости	Entspannung
очаг	Herd

135

опа́сность, -и	Gefahr
побуди́ть *сов.*	veranlassen
побужда́ть	
затро́нуть *сов.*	berühren
затра́гивать	
завоева́ние	Errungenschaft
прекраще́ние	Einstellung, Abbruch
про́чный	dauerhaft, fest
поско́льку	da
образова́ть *сов. и несов.*; -зу́ю, -зу́ешь	bilden
неразры́вный	untrennbar
неразры́вное це́лое	untrennbares Ganzes
тако́в, -á, -ó, -ы́	so ist (sind)
убежде́ние	Überzeugung
воззре́ние	Ansicht, Anschauung

6.1.1.4. Lesen und vergleichen Sie!

1. писа́ть
   подписа́ть *сов.*, подпи́сывать
   14 мая 1955 года европейские
   социалистические страны подписали в Варшаве Договор
   о дружбе, сотрудничестве и
   взаимной помощи.

   schreiben
   unterschreiben, unterzeichnen
   Am 14. Mai 1955 unterzeichneten
   die europäischen sozialistischen Länder in Warschau den Vertrag über
   Freundschaft, Zusammenarbeit und
   gegenseitigen Beistand.

2. оборо́на
   оборони́тельный
   Варшавский договор носит
   оборонительный характер.

   Verteidigung
   Verteidigungs-
   Der Warschauer Vertrag trägt
   Verteidigungscharakter.

3. се́вер
   североатланти́ческий
   Североатлантический союз
   (НАТО) является агрессивным
   военным союзом под руководством США.

   Norden
   Nordatlantik-
   Der Nordatlantikpakt (NATO) ist
   ein aggressiver Militärpakt unter
   der Führung der USA.

4. опа́сность
   безопа́сность
   Совет Безопасности – один из
   главных органов ООН.

   Gefahr
   Sicherheit
   Der Sicherheitsrat ist eines der
   Hauptorgane der UNO.

5. руково́дство
   руково́дствоваться
   Социалистические страны
   руководствуются интересами
   укрепления международного
   мира и безопасности.

   Leitung, Führung
   sich leiten lassen
   Die sozialistischen Länder lassen
   sich von den Interessen der
   Festigung des internationalen
   Friedens und der Sicherheit leiten.

6. оборо́на
способность
обороноспосо́бность
Рост обороноспособности социалистического содружества
необходим для защиты социалистических завоеваний.

Verteidigung
Fähigkeit
Verteidigungsfähigkeit, -bereitschaft
Das Wachstum der Verteidigungsfähigkeit der sozialistischen Gemeinschaft ist zum Schutz der sozialistischen Errungenschaften notwendig.

7. реши́ть *сов.*
реши́тельно (*Adv.*)
Социалистические страны
решительно борются за мир
во всём ми́ре.

entscheiden, beschließen
entschieden, entschlossen
Die sozialistischen Länder kämpfen
entschlossen für den Frieden in der
ganzen Welt.

8. сто лет
столе́тие

Благодаря усилиям стран
социализма был обеспечен
самый длительный мирный
период за последнее столетие.

hundert Jahre
Zeitraum von hundert Jahren,
Jahrhundert
Dank den Bemühungen der soziali-
stischen Länder wurde die längste
Friedensperiode der letzten
hundert Jahre erreicht.

9. поддержа́ть *сов.*
поддержа́ние
подде́ржка
Страны-участницы Варшав-
ского договора борются за
поддержание мира в Европе.

Варшавский договор – гарантия взаимной поддержки
социалистических стран.

unterstützen, aufrechterhalten
(Aufrecht-) Erhaltung
Unterstützung, Beistand
Die Mitgliedsländer des
Warschauer Vertrages kämpfen für
die Erhaltung des Friedens in
Europa.
Der Warschauer Vertrag ist eine
Garantie für den gegenseitigen Bei-
stand der sozialistischen Länder.

10. де́йствие
де́йственный
Варшавский договор явля-
ется действенным фактором
мира.

Wirkung, Handlung
wirksam
Der Warschauer Vertrag ist ein
wirksamer Faktor des Friedens.

11. мир
люби́ть
миролюби́вый
Проблема европейской безопасности будет решена совместными усилиями всех
миролюбивых людей.

Frieden
lieben
friedliebend
Das Problem der europäischen
Sicherheit wird durch die gemeinsamen Bemühungen aller friedliebenden Menschen gelöst werden.

12. вы́полнить *сов.*, выполня́ть
перевы́полнить *сов.*,

erfüllen
übererfüllen

перевыполня́ть

Рабочие перевыполнили производственный план.

Die Arbeiter übererfüllten den
Produktionsplan.

6.1.1.5. **Lesen Sie die folgenden Internationalismen!**

Варша́ва, Ве́нгрия (Ungarn), гара́нтия, идеологи́ческий, интернацио-
нали́зм, консульти́ровать(ся), контине́нт, монополи́ст, Пари́ж (Paris),
Пари́жский (Pariser), По́льша, пролета́рский, реванши́стский, рели-
гио́зный, Румы́ния (Rumänien), солида́рность, Чехослова́кия

6.1.1.6. **Übersetzen Sie!**

1. Укрепление социалистического содружества и создание системы
европейской безопасности *неразрывно* связаны между собой.   2. В интересах безопасности всех европейских государств необходимо вести
решительную борьбу за *разоружение*, за *прекращение* холодной войны
и за *прочный* мир.   3. Вооружающиеся империалистические страны
являются *угрозой* миру.   4. Реваншистские силы в Федеративной
Республике Германии создают *опасность* для дела мира.   5. Программа мира, принятая XXIV съездом КПСС, *затрагивает* интересы сотен
миллионов людей.   6. Союз Советских Социалистических Республик
был *образован* в 1922 году.   7. Усилия социалистического содружества, усилия других европейских государств, усилия всех общественных
сил, выступающих за мир – *таковы* условия успешного решения проблемы европейской безопасности.   8. За мир во всём мире борются
люди различных *воззрений* и *убеждений*.   9. Агрессивные действия некоторых капиталистических стран создают *очаги напряжённости*
в разных частях мира.   10. Агрессивная политика *побуждает* ООН
принимать меры по урегулированию конфликтов.   11. Рост обороноспособности необходим для защиты социалистических *завоеваний*.
12. *ФРГ* стала членом Североатлантического союза.

6.1.2. **Grammatische Übungen**

6.1.2.1. **Das Adverbialpartizip der Gleichzeitigkeit (vgl. Leitfaden, §§ 102–105; Sprachlehre, Ziff. 214–217)**

*Das Adverbialpartizip ist eine unveränderliche Verbform, die eine ergänzende
Handlung bezeichnet. Man unterscheidet Adverbialpartizipien der Gleichzeitigkeit und der Vorzeitigkeit.*

138

Das Adverbialpartizip der Gleichzeitigkeit wird vom unvollendeten Aspekt gebildet. Es ist an dem Bildungssuffix -я (nach Zischlauten -a) zu erkennen.

работая	*zum Infinitiv*	работать
служа	*zum Infinitiv*	служить

Das Reflexivsuffix -ся ist beim Adverbialpartizip zu -cь verkürzt.

борясь	*zum Infinitiv*	бороться

Das Adverbialpartizip hat keine eigene Tempusbedeutung. Das Adverbialpartizip der Gleichzeitigkeit bezeichnet eine Handlung, die gleichzeitig mit der Handlung des Hauptsatzes verläuft. Beide Handlungen beziehen sich auf dasselbe Subjekt. Die Haupthandlung kann im Präsens, Präteritum oder Futur stehen.

Применяя новый метод, мы *выполняем* план. (Da [Indem] wir eine neue Methode anwenden, erfüllen wir den Plan.)

Применяя новый метод, мы *выполнили* план. (Als [Da] wir eine neue Methode anwandten, erfüllten wir den Plan.)

Применяя новый метод, мы *выполним* план. (Wenn wir eine neue Methode anwenden, werden wir den Plan erfüllen.)

Das Adverbialpartizip bringt in der Regel eine adverbiale Beziehung zum Ausdruck, die gewöhnlich durch einen deutschen Adverbialsatz wiedergegeben wird. Diese Beziehung kann sein:

a) *modal:*

Страны Варшавского договора координируют свою политику мира, консультируясь по всем вопросам, затрагивающим их общие интересы. (Die Länder des Warschauer Vertrages koordinieren ihre Friedenspolitik, wobei sie sich in allen Fragen konsultieren, die ihre gemeinsamen Interessen berühren.)

b) *kausal:*

Желая повысить качество продукции, рабочие и инженеры использовали новые методы труда. (Da die Arbeiter und Ingenieure die Qualität der Produkte erhöhen wollten, wendeten sie neue Arbeitsmethoden an.)

c) *temporal:*

Развивая традиционные формы сотрудничества, социалистические страны одновременно развивают и новые, более эффективные формы совместной работы. (Während die sozialistischen Länder die traditionellen Formen der Zusammenarbeit weiterentwickeln, schaffen sie gleichzeitig auch neue, effektivere Formen der gemeinsamen Arbeit.)

d) *konditional:*

Объединяя усилия и средства, социалистические страны могут достигнуть больших успехов. (Wenn die sozialistischen Länder ihre Kräfte und Mittel vereinigen, können sie große Erfolge erreichen.)

e) *konzessiv:*

Повышая количество выпускаемых продуктов, предприятия всё-таки не выполнили план, потому что товары были низкого качества. (Obwohl die Betriebe die Menge der hergestellten Produkte erhöhten, erfüllten sie trotzdem nicht den Plan, weil die Waren von geringer Qualität waren.)

Weitere Wiedergabemöglichkeiten der Adverbialpartizipialkonstruktionen im Deutschen sind:

a) *Wiedergabe durch ein Substantiv mit Präposition:*
Используя все резервы ... (Durch Ausnutzung aller Reserven ...)

b) *Wiedergabe durch einen zweiten Hauptsatz:*
Развивая традиционные формы сотрудничества, социалистические страны создают ... (Die sozialistischen Länder entwickeln die traditionellen Formen der Zusammenarbeit weiter und schaffen zugleich ...)

c) *Wiedergabe durch ein Partizip:*
Опираясь на опыт Советского Союза, социалистические страны достигли больших успехов в развитии народного хозяйства. (Gestützt auf die Erfahrungen der Sowjetunion, erreichten die sozialistischen Länder große Erfolge bei der Entwicklung der Volkswirtschaft.)

Das verneinte Adverbialpartizip wird in der Regel mit „ohne zu" übersetzt.
Нельзя успешно строить социализм, не используя опыт социалистического строительства в СССР. (Man kann den Sozialismus nicht erfolgreich aufbauen, ohne die Erfahrungen des sozialistischen Aufbaus in der Sowjetunion zu nutzen.)

6.1.2.2. Lesen Sie die Sätze! Achten Sie dabei auf das Adverbialpartizip und seine Wiedergabe im Deutschen!

1. Вооружая свою армию, ФРГ стала очагом напряжённости и опасности для мира в Европе. (Durch die Aufrüstung ihrer Armee wurde die BRD zu einem Spannungsherd und zu einer Gefahr für den Frieden in Europa.)
2. Образуя неразрывное целое, социалистические страны развивают своё сотрудничество на основе братской взаимопомощи. (Die sozialistischen Länder bilden ein untrennbares Ganzes und entwickeln ihre Zusammenarbeit auf der Grundlage der brüderlichen gegenseitigen Hilfe.)
3. Борясь за разоружение и прекращение холодной войны, социалистические страны проводят глубоко гуманную политику. (Indem die sozialistischen Länder für die Abrüstung und für die Einstellung des kalten Krieges kämpfen, betreiben sie eine zutiefst humane Politik.)
4. Руководствуясь интересами укрепления мира, европейские социалистические страны консультируются по всем вопросам, затраги-

вающим их общие интересы. (Geleitet von den Interessen der Festigung des Friedens, konsultieren die europäischen sozialistischen Länder einander in allen Fragen, die ihre gemeinsamen Interessen berühren.)

5. Желая мира, социалистические страны принимают меры по его поддержанию. (Da die sozialistischen Länder den Frieden wollen, ergreifen sie Maßnahmen zu dessen Erhaltung.)

6. Выступая за создание европейской безопасности, миролюбивые люди борются за мир во всём мире. (Wenn die friedliebenden Menschen für die Schaffung der europäischen Sicherheit eintreten, kämpfen sie gleichzeitig für den Frieden in der ganzen Welt.)

6.1.2.3. Unterstreichen Sie das Adverbialpartizip und das zugehörige Subjekt! Übersetzen Sie die Sätze!

1. Развивая химическую промышленность, ГДР может увеличить производство пластмасс и синтетических волокон. 2. Встречаясь в Лейпциге, представители всех стран ведут переговоры о развитии торговых связей, изучают товары и заключают торговые договоры. 3. Химическая промышленность, являясь одной из ведущих отраслей промышленности ГДР, развивается быстрыми темпами. 4. Развивая и совершенствуя методы сотрудничества, братские страны могут успешно содействовать делу социалистической интеграции. 5. Не учитывая экономических законов, нельзя успешно развивать народное хозяйство. 6. Постоянно развиваясь, производство может удовлетворять растущие потребности населения.

6.1.2.4. ■ ■ Übersetzen Sie die folgenden Sätze!

1. Руководствуясь интересами укрепления международного мира и безопасности, социалистические страны создали социалистический военный союз. 2. Крупное машинное производство впервые создаётся в условиях капитализма, достигая на монополистической стадии наивысшего при капитализме уровня. 3. Не понимая экономических законов, невозможно использовать их. 4. Используя и в будущем различные возможности сотрудничества, социалистические страны достигнут больших успехов. 5. Являясь организацией социалистического содружества, Варшавский договор защищает социалистические завоевания. 6. Углубляя хозяйственные связи, кооперация расширяет обмен товарами. 7. Будучи собственностью народа, предприятия производят продукцию для удовлетворения потребностей населения. 8. „Нельзя работать, не имея плана“ (В. И. Ленин).

Варшавский договор

14 мая 1955 года европейские социалистические страны подписали в Варшаве договор о дружбе, сотрудничестве и взаимной помощи – Варшавский договор. В этот союз входят: Болгария, Венгрия, ГДР, Польша, Румыния, СССР и Чехословакия. Этот социалистический военный союз носит исключительно оборонительный характер.

Оборонительная организация европейских социалистических стран была создана после того, как ФРГ была включена в Североатлантический союз в результате заключения Парижских соглашений. После вступления в НАТО ФРГ стала открыто вооружаться, что значительно усилило угрозу европейскому миру, а также сильно увеличило международную напряжённость в Европе и во всём мире. Вооружающаяся ФРГ со своей реваншистской политикой стала главным очагом опасности и напряжённости на Европейском континенте. Это побудило социалистические государства принять меры по обеспечению своей безопасности и по поддержанию мира в Европе.

Согласно статье третьей Варшавского договора государства-участники консультируются по всем вопросам, затрагивающим их общие интересы, руководствуясь интересами укрепления международного мира и безопасности.

Следовательно, Варшавский договор возник как инструмент обеспечения мира в Европе и во всём мире.

Рост обороноспособности для защиты социалистических завоеваний наших стран был и остаётся одной из важных задач. Государства-участники Варшавского договора решительно борются за разоружение, за прекращение холодной войны и за прочный мир. Благодаря усилиям стран-участниц Варшавского договора для европейских народов обеспечен самый длительный мирный период за последнее столетие.

Социалистическое содружество образует неразрывное целое и развивает своё сотрудничество на основе пролетарского интернационализма, братской помощи и солидарности. Осуществление принципов социалистического интернационализма, т.е. укрепление социалистического государственного и общественного строя в каждой социалистической стране, а также укрепление отношений во всём социалистическом содружестве – таковы условия успешной борьбы за осуществление принципов мирного сосуществования в отношениях между социалистическими и капиталистическими странами. Поэтому укрепление социалистического содружества и создание системы европейской безопасности неразрывно связаны между собой.

Проблема европейской безопасности может быть решена совместными усилиями европейских государств, всех общественных сил, всех миролюбивых людей, борющихся за мир – независимо от их идеологических воззрений, религиозных и других убеждений.

Варшавский договор – гарантия взаимной поддержки. Варшавский договор является действенным фактором мира и европейской безопасности.

6.1.3.2.   Beantworten Sie die folgenden Fragen russisch!

1. Когда был заключён (подписан) Варшавский договор?   2. Какие страны являются участниками Варшавского договора?   3. Какой характер носит организация Варшавского договора?   4. Почему был создан этот военный союз?   5. Какие задачи имеет эта оборонительная организация?

6.1.3.3.   Bilden Sie mit Hilfe der folgenden Wendungen Sätze in russischer Sprache!

1. das militärische Bündnis der Teilnehmerländer des Warschauer Vertrags, 2. nach Eintritt der BRD in den Nordatlantikpakt,   3. die Aufrüstung der BRD,   4. die Bedrohung des Friedens in Europa,   5. einen Herd der Gefahr und Spannung auf dem europäischen Kontinent darstellen, 6. Maßnahmen zur Gewährleistung der Sicherheit und der Aufrechterhaltung des Friedens in Europa ergreifen,   7. sich von den Interessen der Sicherung des Friedens leiten lassen,   8. die Festigung der Verteidigungsfähigkeit,   9. der Kampf um Abrüstung, um Einstellung des kalten Krieges, 10. das Problem kann gelöst werden,   11. ideologische Anschauungen, religiöse Überzeugungen,   12. ein Faktor des Friedens und der Sicherheit.

6.2.   ABSCHNITT 2

6.2.1.   Einführung

6.2.1.1.   Wiederholen Sie die folgenden Wörter!

взять *сов.*; возьму́, -мёшь	nehmen
брать; беру́, берёшь	
делега́ция	Delegation
замести́тель, -я	Stellvertreter
по́здно	spät
совеща́ние	Beratung
столи́ца	Hauptstadt

● ● **Hören und lesen Sie den Satz! Sprechen Sie den Satz nach! Hören Sie den Satz noch einmal!**

1. Важной задачей экономической политики социалистического государства является *неуклонный* рост производительности труда. — *ständig*

2. Внешняя торговля проводится на основе принципа взаимной *выгоды*. — *Vorteil*

3. Некоторые страны принимают участие в заседаниях Совета в качестве *наблюдателей*. — *Beobachter*

4. На сессии СЭВ *присутствовали* представители всех стран-членов. — *waren anwesend*

5. В рамках СЭВ решения принимаются лишь *с согласия* всех заинтересованных стран. — *mit Zustimmung*

6. Сессия Совета *обычно созывается* один раз в год. — *gewöhnlich; wird einberufen*

7. Заседания проводятся *поочерёдно* в столицах стран-членов. — *abwechselnd*

8. *Главой* делегации СССР на XXV сессии Совета являлся Председатель Совета министров СССР А. Н. Косыгин. — *Leiter*

9. *Подготовка* заседаний органов СЭВ является задачей Секретариата. — *Vorbereitung*

10. Задача Секретариата – составлять экономические *обзоры* для стран-членов. — *Übersichten*

6.2.1.3. **Lesen Sie die neuen lexikalischen Einheiten in der Grundform!**

неукло́нный	ständig, unaufhörlich
вы́года	Vorteil, Nutzen
наблюда́тель, -я	Beobachter
прису́тствовать; -ствую, -ствуешь	anwesend sein
согла́сие	Zustimmung
с согла́сия	mit Zustimmung
обы́чно	gewöhnlich
созва́ть *сов.*; -зову́, -зовёшь	einberufen
созыва́ть	
поочерёдно	abwechselnd, turnusmäßig
глава́	*hier:* Leiter, Chef
подгото́вка	Vorbereitung
обзо́р	Übersicht, Überblick

6.2.1.4. **Lesen und vergleichen Sie!**

1. рекомендова́ть *сов. и несов.* — empfehlen
   рекоменда́ция — Empfehlung

144

Совет дал рекомендации по экономическим вопросам.	Der Rat gab Empfehlungen zu ökonomischen Fragen.
2. исполнéние исполни́тельный Исполнительный Комитет (Исполком) является важным органом Совета Экономической Взаимопомощи.	Erfüllung, Durchführung Vollzugs-, Exekutiv- Das Exekutivkomitee ist ein wichtiges Organ des Rates für Gegenseitige Wirtschaftshilfe.
3. председáтель председáтельство Сессия проводилась под председательством Министра иностранных дел.	Vorsitzender Vorsitz Die Sitzung fand unter dem Vorsitz des Außenministers statt.
4. обязáтельство обя́занность Исполнение обязанностей странами-членами контролируется Исполнительным Комитетом СЭВ.	Verpflichtung Pflicht, Verpflichtung Die Erfüllung der Verpflichtungen durch die Mitgliedsländer wird vom Exekutivkomitee des RGW kontrolliert.
5. содéйствовать содéйствие СЭВ был создан в целях содействия подъёму благосостояния народов стран-членов.	fördern, beitragen (zu etw.) Förderung, Unterstützung Der RGW wurde gegründet, um zur Hebung des Wohlstandes der Völker der Mitgliedsländer beizutragen.

6.2.1.5.   Lesen Sie die folgenden Internationalismen!

административный (administrativ, Verwaltungs-), Вьетнáм, коми́ссия, Корéйская Нарóдно-Демократи́ческая Респýблика, Монгóлия, персонáл, процедýра (Prozedur, Verfahrensweise), процедýрный (Verfahrens-), секретариáт, энергосистéма (Energieverbundnetz), Югослáвия

6.2.1.6.   Übersetzen Sie!

1. Цель всех мероприятий государства при социализме – содействовать *неуклонному* подъёму благосостояния всех членов общества. 2. Взаимная *выгода* и товарищеская взаимопомощь – важные принципы экономического сотрудничества стран-членов СЭВ. 3. На сессии СЭВ в качестве *наблюдателя присутствовал* представитель Народной Республики Ангола. 4. Комплексная программа была принята *с согласия* всех стран-членов СЭВ. 5. Заседания совместной комиссии

СССР – ГДР проводятся *поочерёдно* в Москве и в Берлине. 6. Заседания нашей комиссии *созываются* каждые три месяца. 7. Глава делегации сделал *обзор* проведённых в последнее время работ. 8. Хорошая *подготовка* заседаний является важной предпосылкой их успешного проведения. 9. МИБ *обычно* предоставляет среднесрочные и долгосрочные кредиты.

6.2.2. Grammatische Übungen

6.2.2.1. Das Adverbialpartizip der Vorzeitigkeit (vgl. Leitfaden, §§ 102–105; Sprachlehre, Ziff. 214–217)

Das Adverbialpartizip der Vorzeitigkeit wird vom vollendeten Aspekt gebildet. Es ist an den Bildungssuffixen -в bzw. -вши zu erkennen; bei Verben, bei denen die männliche Singularform des Präteritums nicht auf -л auslautet, ist das Bildungssuffix -ши. Bei reflexiven Verben lautet das Bildungssuffix -вшись.

вступив(ши)	*zum Infinitiv*	вступить
выросши	*zum Infinitiv*	вырасти (*Prät.* вырос)
занявшись	*zum Infinitiv*	заняться

Adverbialpartizipien der Vorzeitigkeit bezeichnen eine bereits vor der Haupthandlung abgeschlossene Nebenhandlung. Beide Handlungen beziehen sich auf dasselbe Subjekt.

Вступив в НАТО, ФРГ стала открыто вооружаться. (Nachdem die BRD in die NATO eingetreten war, begann sie offen aufzurüsten.)

Das Adverbialpartizip der Vorzeitigkeit wird bei einigen Verben, z. B. den Komposita von идти, вести, нести usw., vorwiegend durch die Form des Adverbialpartizips auf -я ausgedrückt.

выйдя	*zum Infinitiv*	выйти
принеся	*zum Infinitiv*	принести

Auch das Adverbialpartizip der Vorzeitigkeit bringt in der Regel eine adverbiale Beziehung zum Ausdruck, z. B. kausal:

Достигнув высокого уровня развития, сельское хозяйство ГДР может полностью обеспечивать население сельскохозяйственными продуктами. (Weil die Landwirtschaft der DDR ein hohes Entwicklungsniveau erreicht hat, kann sie die Bevölkerung voll und ganz mit Agrarprodukten versorgen.)

1. Объединив свои силы, социалистические страны достигли более быстрого развития своих народных хозяйств. (Weil [als, nachdem] sie ihre Kräfte vereinigt hatten, [Durch die Vereinigung ihrer Kräfte] erreichten die sozialistischen Länder eine schnellere Entwicklung ihrer Volkswirtschaften.)
2. Обсудив проблемы в коллективе, рабочие смогли решить новые задачи. (Nachdem die Arbeiter die Probleme im Kollektiv diskutiert hatten, konnten sie die neuen Aufgaben lösen.)
3. Не познав экономических законов, люди не могут правильно использовать их. (Ohne die ökonomischen Gesetze erkannt zu haben, können die Menschen sie nicht richtig nutzen.)
4. Не увеличив экономической эффективности общественного производства, невозможно повысить уровень жизни населения. (Ohne die ökonomische Effektivität der gesellschaftlichen Produktion zu steigern, kann man das Lebensniveau der Bevölkerung nicht erhöhen.)
5. Принеся книги в библиотеку, студент пошёл на лекцию. (Nachdem der Student die Bücher in die Bibliothek gebracht hatte, ging er zur Vorlesung.)

6.2.2.3.   Übersetzen Sie!

1. Выполнив задания первого года пятилетки, предприятия приступили к выполнению новых плановых заданий. 2. Построив нефтепровод „Дружба“, социалистические страны решили важную народнохозяйственную проблему. 3. Создав энергосистему „Мир“, страны социализма имеют возможность максимально использовать энергетические ресурсы. 4. Не использовав эту технологию, предприятие не могло бы выполнить план. 5. Получив крупные советские заказы, ГДР смогла развить судостроение. 6. Расширив производство, можно будет ещё лучше удовлетворять потребности населения.

6.2.2.4.   ■ ■   Übersetzen Sie!

1. Рассмотрев основные вопросы экономического и научно-технического сотрудничества, сессия Совета определила главное направление деятельности Совета. 2. Явившись поздно на собрание, он не принял участия в дискуссии. 3. Взяв власть в свои руки, рабочий класс начинает борьбу за социализм. 4. Создав МИБ, социалистические страны смогли дальше развивать социалистическую экономическую интеграцию. 5. Не повысив производительность труда, невозможно

улучшить условия жизни.   6. Оценив эффективность объекта, Совет
банка предоставит кредит.

6.2.3.   Textteil

6.2.3.1.   ● ● Hören und lesen Sie den Text! Übersetzen Sie!

Совет Экономической Взаимопомощи

СЭВ – международная экономическая организация социалистических
государств – основан в 1949 году. СЭВ имеет задачу путём объединения
и координации усилий стран-членов содействовать планомерному
развитию народного хозяйства, ускорению экономического и технического прогресса, непрерывному росту производительности труда и
неуклонному подъёму благосостояния народов стран-членов СЭВ.

Экономическое и научно-техническое сотрудничество этих стран
осуществляется на основе принципов полного равноправия, уважения
суверенитета и национальных интересов, взаимной выгоды и товари-
щеской взаимопомощи.

В 1983 году членами СЭВ являлись: Болгария, Венгрия, Вьетнам,
ГДР, Куба, Монголия, Польша, Румыния, СССР, ЧССР. В работе
некоторых органов СЭВ принимает участие Социалистическая Федеративная Республика Югославия. На заседаниях отдельных комиссий СЭВ в качестве наблюдателей присутствуют представители
Корейской Народно-Демократической Республики и некоторых других стран.

Совет Экономической Взаимопомощи через свои органы может
принимать рекомендации и решения. Рекомендации принимаются по
вопросам экономического и научно-технического сотрудничества, а
решения – по организационным и процедурным вопросам. Все рекомендации и решения в Совете принимаются лишь с согласия заинтересованных стран-членов. Главными органами СЭВ являются: Сессия
Совета, Исполнительный Комитет, Секретариат, Постоянные комиссии.

Сессия Совета является высшим органом СЭВ, она состоит из
делегаций всех стран-членов. Сессии созываются поочерёдно в столицах стран-членов СЭВ под председательством главы делегации страны,
в которой проводится сессия. Сессия рассматривает основные вопросы
экономического и научно-технического сотрудничества и определяет
главное направление деятельности Совета.

Исполнительный Комитет является главным исполнительным органом Совета. Этот комитет состоит из представителей всех стран-
членов СЭВ на уровне заместителей глав правительств. В соответствии

с решениями сессий Совета Исполнительный Комитет руководит всеми работами, связанными с реализацией задач, которые стоят перед Советом. Исполнительный Комитет руководит работой Секретариата Совета, Постоянных комиссий и определяет основные вопросы и направления деятельности этих комиссий.

Секретариат Совета является исполнительно-административным органом СЭВ. В его обязанности входит, например, подготовка материалов к заседаниям органов Совета в соответствии с планами их работы, составление экономических обзоров и проведение экономических исследований по материалам стран-членов СЭВ.

Секретариат состоит из Секретаря Совета, его заместителей и необходимого персонала из отдельных стран-членов СЭВ.

Важное место среди органов Совета Экономической Взаимопомощи занимают *Постоянные комиссии*, создаваемые в целях содействия дальнейшему развитию экономических связей между странами-членами Совета. Они должны способствовать ускорению специализации и кооперации в своих областях, достигнуть лучшего использования природных и экономических условий в странах-членах, организовать более рациональное использование производственных мощностей, сырья и других ресурсов, содействовать решению важных задач Комплексной программы.

В настоящее время имеются, например, Постоянные Комиссии по электроэнергии, по использованию атомной энергии в мирных целях, по нефтяной и газовой промышленности, по машиностроению, по химической промышленности, по сельскому хозяйству, по транспорту, по внешней торговле, по экономическим вопросам и многие другие.

6.2.3.2. **Fragen Sie Ihren Gesprächspartner in russischer Sprache,**

1. wann und mit welchem Ziel der RGW gegründet wurde, 2. welche Länder Mitglied dieser internationalen Wirtschaftsorganisation sind, 3. zu welchen Fragen Empfehlungen bzw. Beschlüsse gefaßt werden, 4. welches die Hauptorgane des RGW sind, 5. welche Aufgaben die Ratstagung des RGW hat, 6. was über die Arbeit des Exekutivkomitees des RGW zu sagen ist, 7. mit welchen Fragen sich das Sekretariat des Rates beschäftigt, 8. welche Ständigen Kommissionen gegenwärtig existieren und zu welchem Zweck sie gegründet wurden, 9. welche Maßnahmen die Mitgliedsländer des RGW zur weiteren Vervollkommnung der Tätigkeit des Rates ergriffen haben.

6.2.3.3. Geben Sie mit Hilfe der vorstehend genannten Fragen eine Zusammenfassung des Textes in russischer Sprache!

6.2.3.4. Übersetzen Sie die folgenden Sätze! Stellen Sie zu den *kursiv gesetzten* Satzgliedern Fragen in russischer Sprache!

1. Der RGW trägt *zur Vervollkommnung* der internationalen sozialistischen Arbeitsteilung bei. 2. Die sozialistischen Länder bauen ihre gegenseitigen Beziehungen *auf den Prinzipien des sozialistischen Internationalismus, der Achtung der Souveränität, der vollen Gleichberechtigung, des gegenseitigen Vorteils und der kameradschaftlichen gegenseitigen Hilfe auf.* 3. Der RGW hat die Aufgabe, *zur maximalen Beschleunigung des wissenschaftlich-technischen Fortschritts* in den Mitgliedsländern beizutragen. 4. Die *Beratung der Vertreter der Länder im Rat,* die 1960 geschaffen worden war, wurde auf der XVI. Ratstagung zum (in das) Exekutivkomitee des RGW umgebildet (преобразовать). 5. Das *Sekretariat des Rats* trägt zur Vorbereitung der Sitzungen der Organe des Rats bei, stellt ökonomische Übersichten zusammen und führt Untersuchungen zu ökonomischen Problemen durch. 6. Vertreter von Ländern, die nicht RGW-Mitglieder sind, können auf Einladung an der Arbeit einiger Organe des Rats *als Beobachter* teilnehmen.

6.2.3.5. Schreiben Sie einen kurzen Bericht über den RGW! Geben Sie dabei Antworten auf die folgenden Fragen.

1. Was für eine Organisation ist der RGW? 2. Durch welche Maßnahmen trägt der RGW zur Entwicklung der Volkswirtschaften der sozialistischen Länder bei? 3. Welche Prinzipien liegen der Tätigkeit des RGW zugrunde? 4. Welches sind die Hauptorgane des RGW? 5. Welche Aufgaben haben die Ständigen Kommissionen des RGW?

6.2.3.6. Erläutern Sie an Hand des Schemas – auf der Innenseite der hinteren Buchdecke – den Aufbau des RGW und die Aufgaben der einzelnen Organe!

6.3. ABSCHNITT 3

6.3.1. Einführung

6.3.1.1. Wiederholen Sie die folgenden Wörter!

идéя	Idee
избрáть *сов.*; -берý, -берёшь	wählen
избирáть	

кро́ме (чего)	außer (etw.)
кро́ме экономи́ческих вопро́сов	außer ökonomischen Fragen
огро́мный	gewaltig
остально́й	übrig
предложе́ние	Vorschlag, Angebot
сде́лать предложе́ние	einen Vorschlag machen, ein Angebot unterbreiten
приня́ть *сов.* в организа́цию	in eine Organisation aufnehmen
сле́дующий	folgend
собра́ться *сов.*; -беру́сь, -берёшься	sich versammeln
собира́ться	
соста́в	Bestand
Уста́в ООН	Charta der Vereinten Nationen

6.3.1.2. ● ● **Hören und lesen Sie den Satz! Sprechen Sie den Satz nach! Hören Sie den Satz noch einmal!**

1. Сессия *Генеральной Ассамблеи Организации Объединённых Наций* (*ООН*) является важным событием международной жизни. — *Vollversammlung der Vereinten Nationen (UNO)*

2. ООН образована на основе *добровольного* объединения суверенных государств. — *freiwillig*

3. Цель ООН *поощрять* уважение к правам человека. — *stimulieren, fördern*

4. ООН *призвана* принимать эффективные меры для разрешения международных конфликтов. — *ist berufen; soll*

5. Необходимо принимать эффективные меры для *предотвращения* войны. — *Verhütung, Abwendung*

6. ООН призвана принимать коллективные меры для *устранения* угрозы миру. — *Beseitigung*

7. Необходимо решать международные проблемы в соответствии с принципом *справедливости*. — *Gerechtigkeit*

8. Устав ООН *вступил в силу* 24 октября 1945 года. — *trat in Kraft*

9. *Совет Безопасности* состоит из 15 членов. — *Sicherheitsrat*

10. Одним из главных органов ООН является *Совет по опеке*. — *Treuhandschaftsrat*

11. Другой главный орган ООН – *Международный суд*. — *Internationaler Gerichtshof*

12. На специальные сессии Ассамблея собирается *по мере необходимости*. — *nach Bedarf*

13. В Уставе ООН *перечислены* обязанности стран-членов. — *sind aufgezählt*

14. Решение *считается* принятым, если за него *подали голос* все постоянные члены Совета Безопасности. — *gilt als gestimmt haben*

15. Работа ООН является *отражением* отношений   Widerspiegelung
    между странами.
16. Сессии ООН всё в большей *степени* становятся   Maß, Grad
    важным событием международной жизни.

6.3.1.3. Lesen Sie die neuen lexikalischen Einheiten in der Grundform!

Генера́льная Ассамбле́я Организа́ции Объединённых На́ций (ООН)	Vollversammlung der Organisation der Vereinten Nationen (UNO)
доброво́льный	freiwillig
поощри́ть *сов.*	stimulieren, fördern
поощря́ть	
призва́ть *сов.*	aufrufen, herbeirufen
призыва́ть	
при́зван (*Part. Prät. Pass.-Kurzf.*)	(ist) berufen, soll
предотвраще́ние	Verhütung, Abwendung
устране́ние	Beseitigung
справедли́вость, -и	Gerechtigkeit
вступи́ть в си́лу *сов.*; -сту́пит, -сту́пят	in Kraft treten
вступа́ть в си́лу	
Сове́т Безопа́сности	Sicherheitsrat
Сове́т по опе́ке	Treuhandschaftsrat
Междунаро́дный суд	Internationaler Gerichtshof
по ме́ре необходи́мости	nach Bedarf
перечи́слить *сов.*	aufzählen
перечисля́ть	
пода́ть го́лос за *сов.*; -да́м, -да́шь, -да́ст, -дади́м, -дади́те, -даду́т	die Simme abgeben, stimmen (für etw.)
подава́ть; -даю́, -даёшь	
пода́ть го́лос за мир	die Stimme für den Frieden abgeben
отраже́ние	Widerspiegelung
сте́пень, -и	Grad, Maß
счита́ться (чем)	gelten (als etw.)
счита́ться сцециали́стом	als Fachmann gelten

6.3.1.4. Lesen und vergleichen Sie!

1. сам	selbst
определе́ние	Bestimmung
самоопределе́ние	Selbstbestimmung
Одна из целей ООН – самоопределение народов.	Ein Ziel der UNO ist die Selbstbestimmung der Völker.
2. разреши́ть *сов.*, разреша́ть	lösen
разреше́ние	Lösung
ООН имеет целью разрешение международных проблем.	Die UNO hat die Lösung internationaler Probleme zum Ziel.
3. свобо́дный	frei
свобо́да	Freiheit

152

К целям ООН относится
осуществление основных
свобод для всех людей.

Zu den Zielen der UNO gehört die
Verwirklichung der Grundfreiheiten
für alle Menschen.

4. различный
различие
Необходимо осуществить
основные свободы для всех
людей без различия расы,
пола, языка и религии.

unterschiedlich
Unterschied
Es ist erforderlich, die Grund-
freiheiten für alle Menschen ohne
Unterschied der Rasse, des
Geschlechts, der Sprache und der
Religion zu verwirklichen.

5. подавить *сов.*, подавлять
подавление
нарушить *сов.*, нарушать
нарушение
ООН призвана принимать
эффективные меры для
подавления актов агрессии
или других нарушений мира.

unterdrücken
Unterdrückung
verletzen
Verletzung
Die UNO ist berufen, wirksame
Maßnahmen zur Unterdrückung
von Aggressionsakten und anderen
Friedensverletzungen zu ergreifen.

6. спорить
спор
спорный
ООН призвана разрешать
международные спорные
вопросы.

streiten
Streit
Streit-, strittig
Die UNO soll internationale
Streitfragen lösen.

7. место
пребывание
местопребывание
Постоянным местопребыва-
нием ООН является Нью-Йорк.

Ort, Platz
Aufenthalt
Aufenthaltsort, Sitz
Ständiger Sitz der UNO ist
New York.

8. очередь
очередной

Генеральная Ассамблея собирается на очередные сессии
один раз в год.

Reihe, Reihenfolge
nächstfolgend, ordentlich,
turnusmäßig
Die Vollversammlung kommt einmal
im Jahr zu ihrer ordentlichen
Tagung zusammen.

9. голос
голосование
согласование
Решения принимаются
большинством участвующих
в голосовании.

Stimme
Abstimmung (Stimmabgabe)
Abstimmung (Koordinierung)
Die Beschlüsse werden mit der
Mehrheit der an der Abstimmung
Teilnehmenden gefaßt.

10. ключ
ключевой

Schlüssel
Schlüssel-, entscheidend

Страны-члены ООН анализи-руют ключевые проблемы борьбы за мир.	Die Mitgliedsländer der UNO analysieren entscheidende Probleme des Friedenskampfes.
11. ме́ньше уменьше́ние СССР внёс предложение об уменьшении военных бюджетов.	weniger Verringerung Die UdSSR brachte einen Vorschlag über die Verringerung der Militärbudgets ein.
12. тру́дный тру́дность Несмотря на трудности Совет Безопасности способствует поддержанию мира.	schwierig Schwierigkeit Ungeachtet der Schwierigkeiten trägt der Sicherheitsrat zur Erhaltung des Friedens bei.

6.3.1.5. Lesen Sie die folgenden Internationalismen!

агресси́вный, агре́ссия, акт, анализи́ровать, а́томный, бюдже́т (Budget, [Staats-] Haushalt), гаранти́рование, гуманита́рный (humanitär), (за-)фикси́ровать (fixieren, festlegen), и́мпульс, на́ция, пасси́вный, преа́м-була (Präambel, Einleitung), ра́са, реализа́ция, резолю́ция, рели́гия, ситуа́ция, суверé́нный (souverän), (у)регули́рование, фо́рум

6.3.1.6. Übersetzen Sie!

1. По Уставу ООН, *вступившему в силу* в 1945 году, агрессивная война *считается* незаконным актом.   2. 18 сентября 1973 г. открылась XXVIII сессия *Генеральной Ассамблеи ООН*.   3. Организация Объеди-нённых Наций *призвана* активно содействовать решению международ-ных проблем.   4. Актом огромного значения явилось заключение между СССР и США ,,Соглашения о *предотвращении* атомной войны", ставшего крупным шагом на пути к *устранению* угрозы атомной войны. 5. *Уменьшение* затрат общественного труда – важный принцип социали-стического хозяйствования.   6. Любое миролюбивое суверенное госу-дарство мира может *добровольно* вступить в ООН и выйти из неё. 7. Заинтересованность трудящихся в выполнении производственных планов *находит своё отражение* в высоких производственных резуль-татах.   8. Страны Азии и Африки борются за социальную *справедли-вость* и прогресс.   9. СССР приступает к систематическому *устра-нению* трудностей в области *разоружения*.   10. Достижение высокой *степени* эффективности – цель работы каждого предприятия.   11. Со-ветский Союз и другие государства социалистического содружества *по мере необходимости* оказывают помощь развивающимся странам

Азии, Африки и Латинской Америки. 12. Можно *перечислить* различные цели социалистической экономической интеграции, но одной из главных является ещё лучшее использование в международных рамках преимуществ социалистического общественного строя. 13. Кроме *Генеральной Ассамблеи* и *Совета Безопасности*, к важным органам ООН относятся *Совет по опеке* и *Международный суд*. 14. ООН активно *поощряет* желание стран решать спорные вопросы мирными средствами.

6.3.2.   Grammatische Übungen

6.3.2.1.   Adverbialpartizipien (Wiederholung und Festigung)

6.3.2.2.   Übersetzen Sie die folgenden Sätze!

1. Намечая курс на существенное повышение благосостояния трудящихся, КПСС исходит прежде всего из того, что наиболее полное удовлетворение материальных и культурных потребностей людей является высшей целью общественного производства, при социализме.
2. Будучи собственником средств производства, руководителем, организатором народного хозяйства, государство реализует в первую очередь экономическую власть. 3. Являясь главной целью социалистического производства, удовлетворение растущих потребностей служит вместе с тем одним из важных стимулов повышения производительности труда и ускорения научно-технического прогресса. 4. Не учитывая конкретных условий каждой страны, невозможно строить социализм. 5. Глубоко исследовав экономические категории и специфические исторические законы социализма, Ленин показал их взаимодействие с законом соответствия производственных отношений характеру производительных сил. 6. Закон планомерного развития народного хозяйства состоит в том, что общество, которое представлено государством, сознательно руководит всей хозяйственной жизнью, опираясь на объективные законы и используя их в своих интересах.
7. Создав Международный инвестиционный банк, социалистические страны имеют теперь орган, кредитующий строительство объектов.
8. Глубоко проанализировав экономику переходного периода, Ленин показал, что основным противоречием этого периода является противоречие между социализмом и капитализмом. 9. Создавая политическую экономию социализма, Ленин выполнял гигантскую научную работу. 10. Взяв власть в свои руки, народы СССР превратили свою родину в страну передовой техники и культуры.

Организация Объединённых Наций

ООН – международная организация, образованная на конференции в Сан-Франциско (июнь 1945 года) после второй мировой войны на основе добровольного объединения суверенных государств.

ООН имеет следующие цели: поддерживать международный мир и безопасность, развивать дружественные отношения между нациями на основе уважения принципа равноправия и самоопределения народов; осуществлять международное сотрудничество при разрешении международных проблем экономического, социального, культурного и гуманитарного характера, поощряя уважение к правам человека и основным свободам для всех людей без различия расы, пола, языка и религии; быть центром согласованных действий наций в достижении этих целей.

Чтобы достигнуть этих целей, ООН призвана принимать эффективные и коллективные меры для предотвращения и устранения угрозы миру и подавления актов агрессии или других нарушений мира и проводить мирными средствами, в соответствии с принципами справедливости и международного права, разрешение международных споров или ситуаций, которые могут привести к нарушению мира.

Устав ООН, состоящий из преамбулы и 19 глав и предварительно разработанный на конференции в Думбартон-Оксе в 1944 году представителями СССР, США, Великобритании и Китая, был подписан 50 государствами на конференции в Сан-Франциско 26 июня 1945 года и вступил в силу 24 октября 1945 года.

Постоянным местопребыванием ООН является Нью-Йорк.

Согласно Уставу членами ООН могут быть только миролюбивые суверенные государства. Все страны-члены ООН сохраняют за собой право выйти из ООН (это право зафиксировано не в Уставе, а в специальной резолюции, принятой одним из комитетов конференции в Сан-Франциско).

Главными органами ООН являются: Генеральная Ассамблея, Совет Безопасности, Экономический и социальный Совет, Совет по опеке, Международный суд и Секретариат.

Генеральная Ассамблея состоит из всех членов ООН. Делегация каждого государства в составе не более 5 членов имеет один голос. Ассамблея собирается на очередные сессии один раз в год и на специальные – по мере необходимости. Решения Ассамблеи по важным вопросам, перечисленным в Уставе, принимаются большинством в 2/3 (две трети) присутствующих и участвующих в голосовании членов, а по другим вопросам – простым большинством голосов.

Совет Безопасности ООН состоит из 15 членов, причём 5 государств – СССР, США, Китайская Народная Республика, Франция и Великобритания – постоянные члены. Остальные 10 членов избираются Генеральной Ассамблеей на 2-летний срок. Решение Совета Безопасности принимается не менее чем 7 голосами, причём по всем вопросам непроцедурного характера решение считается принятым, если за него поданы голоса всех постоянных членов Совета.

Страны-члены ООН анализируют ключевые проблемы борьбы за мир и международную безопасность, вырабатывают рекомендации, которые должны дать новый импульс практической реализации идеи мирного сосуществования в современном мире. Работа ООН, таким образом, не является лишь пассивным отражением отношений между странами всех континентов. Эта международная организация всё в большей степени становится также форумом, вырабатывающим конкретные средства и меры для гарантирования мирного сосуществования и мирного развития народов в наш атомный век.

6.3.3.2. **Stellen Sie zu jedem Satz möglichst viele Fragen! Lassen Sie sie von Ihrem Gesprächspartner beantworten!**

1. ООН – международная организация, образованная после второй мировой войны на основе добровольного объединения. 2. Целями ООН являются: поддержание международного мира и безопасности, развитие дружественных отношений между нациями на основе принципов равноправия и самоопределения и другие. 3. 26 июля 1945 г. пятьдесят государств подписали Устав ООН, разработанный представителями СССР, США, Великобритании и Китая. 4. Генеральная Ассамблея, один из главных органов ООН, состоит из всех членов ООН и собирается на очередные сессии один раз в год, на специальные сессии – по мере необходимости. 5. Совет Безопасности состоит из 15 членов, причём пять государств – постоянные члены, а остальные десять избираются Генеральной Ассамблеей на два года. 6. Германская Демократическая Республика, всегда выступавшая за мир и международную безопасность, была принята в ООН 18 сентября 1973 г.

6.3.3.3. **Sprechen Sie über die UNO! Gehen Sie dabei auf die folgenden Punkte ein! Nutzen Sie das Schema auf der Innenseite der hinteren Buchdecke!**

- die Gründung der UNO
- die Charta der Vereinten Nationen
- die Ziele und Aufgaben dieser internationalen Organisation
- die Vollversammlung der UNO

- der Sicherheitsrat der UNO
- andere wichtige Organe der UNO

6.3.3.4. Berichten Sie schriftlich in zusammenhängender Form über die UNO! Gehen Sie dabei auf die folgenden Fragen ein!

Wann wurde die Organisation der Vereinten Nationen gegründet?
Mit welchem Ziel wurde diese internationale Organisation gegründet?
Welche Staaten können Mitglied dieser Organisation werden?
Welche Hauptorgane der UNO kennen Sie?
Mit welchen Fragen beschäftigen sich die UNO-Vollversammlungen?
Was wissen Sie über die Mitgliedschaft der DDR in der UNO?

6.3.3.5. Übersetzen Sie!

Die Organisation der Vereinten Nationen wurde im Jahre 1945 gegründet. Zu diesem Zeitpunkt wurden 50 Staaten Mitglieder der UNO. Vertreter einiger Staaten waren auch an der Ausarbeitung der UNO-Charta beteiligt. Die Charta der Vereinten Nationen trat am 24. Oktober 1945 in Kraft. Die Deutsche Demokratische Republik wurde am 18. September 1973 in die UNO aufgenommen (принять). Die Hauptfunktion der UNO ist die Aufrechterhaltung des Friedens und der Sicherheit. Die Mitgliedsländer der UNO analysieren entscheidende Probleme des Kampfes für den Frieden und der internationalen Sicherheit. Zu den Hauptorganen der UNO gehören die UNO-Vollversammlung und der Sicherheitsrat. Die Tagungen der UNO-Vollversammlung werden jedes Mal zu einem wichtigen Ereignis im internationalen Leben. Die Maßnahmen, die die UNO ergreift, helfen, das Prinzip der friedlichen Koexistenz zu verwirklichen, und dienen der friedlichen Entwicklung der Völker der ganzen Welt.

6.3.3.6. Übersetzen Sie mit Hilfe des Wörterbuchs!

Сотрудничество СЭВ с Организацией Объединённых Наций

Совет Экономической Взаимопомощи последовательно расширяет сотрудничество с международными организациями по актуальным проблемам развития экономики, науки и техники. В уставе СЭВ определено, что Совет Экономической Взаимопомощи может устанавливать и поддерживать отношения с органами ООН и другими международными организациями.

Отношения между СЭВ и ООН были установлены в 1955 г. К настоящему времени между СЭВ и ООН сложились следующие формы отношений: взаимное участие в мероприятиях; выступление представителей ООН на заседаниях органов СЭВ с информацией о деятельности органов ООН; информирование участников мероприятий ООН о деятельности СЭВ в различных областях; взаимный обмен материалами; встречи представителей Секретариатов СЭВ и ООН; совместная разработка документов; проведение совместных мероприятий (семинаров, симпозиумов).

Принятие в 1971 г. Комплексной программы явилось значительным импульсом для дальнейшего роста интереса к деятельности СЭВ. Социалистические страны основывают многие аспекты сотрудничества и интеграции на новых методах и могут оказать заинтересованным развивающимся странам помощь по таким вопросам, как координация планов, специализация и кооперирование производства, преодоление различий в уровнях экономического развития.

Успехи стран-членов СЭВ в развитии их экономик и международного сотрудничества содействовали росту авторитета СЭВ. В 1974 г. на XXIX сессии Генеральной Ассамблеи ООН СЭВ получил статус наблюдателя в Генеральной Ассамблее ООН. Было отмечено, что Совет Экономической Взаимопомощи вносит большой вклад в развитие процесса нормализации международных экономических отношений и установление взаимовыгодного сотрудничества на основе равенства в области экономики, торговли, науки и техники между странами независимо от их социальных систем и уровней развития.

В настоящее время сотрудничество СЭВ с ООН развивается под влиянием дальнейшего осуществления принципов мирного сосуществования.

Сегодня СЭВ участвует приблизительно в 50 мероприятиях ООН. Центральное место занимает участие делегации СЭВ в работе сессий Генеральной Ассамблеи ООН. На сессиях делегация освещает и популяризирует деятельность Совета Экономической Взаимопомощи, в частности сотрудничество стран-членов СЭВ в области развития экономических отношений со всеми странами мира. Делегация СЭВ распространяет на сессиях Генеральной Ассамблеи ООН информационные материалы о деятельности СЭВ.

Члены делегации выступают и при обсуждении конкретных экономических вопросов повестки дня сессий Генеральной Ассамблеи ООН, имеющих отношение к экономическому и научно-техническому сотрудничеству в рамках СЭВ. Делегация СЭВ поддерживает тесные контакты с делегациями стран-членов СЭВ на сессиях Генеральной Ассамблеи ООН и консультируется с ними по возникающим вопросам, участвует в регулярно проводимых совещаниях представителей социалистических стран. В ходе работы сессий Генеральной Ассамблеи осуществляются необходимые контакты с Секретариатом ООН, делегациями стран-нечленов СЭВ и международных организаций по обсуждаемым на сессиях вопросам экономического и научно-технического сотрудничества.

Сотрудничество СЭВ с ООН постоянно развивается и совершенствуется. Оно позволяет информировать широкую мировую общественность о достижениях стран социалистического сотрудничества в их экономическом развитии, а также об успехах экономического и научно-технического сотрудничества стран-членов СЭВ.

6.3.3.7. **Sprechen Sie unter Benutzung der deutschen Stichpunkte zu den folgenden Themen!**

1. Цели и задачи Варшавского договора. (Gewährleistung der Sicherheit; Erhaltung des Friedens; Erhöhung der Verteidigungsbereitschaft; Kampf um Abrüstung)
2. Условия успешной деятельности государств-участников Варшавского договора. (Zusammenarbeit; proletarischer Internationalismus und Solidarität; Stärkung der sozialistischen Völkergemeinschaft; Durchsetzung der friedlichen Koexistenz; Schaffung eines Systems der europäischen Sicherheit; Teilnahme aller friedliebenden Menschen am Kampf für Frieden und Sicherheit)
3. Страны-участницы в работе СЭВ и его главные задачи. (Mitgliedschaft; Beobachter; Vereinigung und Koordinierung der Kräfte; Beschleunigung des wissenschaftlich-technischen Fortschritts; Erhöhung des Wohlstandes; Zusammenarbeit auf der Grundlage bestimmter Prinzipien)
4. Главные органы СЭВ и их деятельность. (Ratstagung – Ort der Tagung, Behandlung welcher Fragen; Exekutivkomitee – Zusammensetzung, verantwortlich für welche Arbeiten, leitet die Tätigkeit welcher Organe; Sekretariat – seine Pflichten, Zusammensetzung)

Russisches Wörterverzeichnis

Das vorliegende Wörterverzeichnis enthält alle Vokabeln, die in den Komplexen 1–6 aufgeführt sind (zu wiederholender Wortschatz, neu eingeführte Lexik, Ableitungen), mit Ausnahme der Internationalismen. Die Ziffern nach jeder im Wörterverzeichnis aufgeführten lexikalischen Einheit bezeichnen den Komplex und den jeweiligen Abschnitt, in dem die betreffende lexikalische Einheit erstmalig auftritt. Dort sind auch nähere Angaben über Betonung, Unregelmäßigkeiten der Flexion sowie die deutschen Äquivalente zu finden. Bei den Verben ist der vollendete Aspekt durch *сов.* (совершенный вид) gekennzeichnet, der unvollendete Aspekt bleibt unbezeichnet. Bei Wortverbindungen wurde nur der vollendete Aspekt angeführt.

автозавод	5.2.1.1.	взаимопомощь	1.2.1.3.
		взять *сов.*	6.2.1.1.
безопасность	6.1.1.4.	вид	4.2.1.1.
благо	1.1.1.3.	вид транспорта	1.1.1.1.
благодарить	4.1.1.4.	включать	1.1.1.1.
благодаря	4.1.1.4.	включая	4.2.1.4.
благосостояние	2.2.1.3.	включить *сов.*	1.1.1.1.
богатство	4.1.1.1.	власть	2.1.1.1.
большинство	1.3.1.1.	вместе с тем	3.3.1.1.
бороться	6.1.1.1.	внедрение	3.1.1.3.
борьба	6.1.1.1.	внедрить *сов.*	4.2.1.4.
брать	6.2.1.1.	внедрять	4.2.1.4.
будущее	3.3.1.1.	внешнеторговый	5.1.1.4.
бурый уголь	4.1.1.3.	внешняя торговля	5.1.1.3.
быстрый	2.2.1.1.	вниз	3.3.1.3.
бытовые товары	4.3.1.3.	внутренний	2.2.1.3.
		возвратиться *сов.*	4.3.1.1.
Варшавский договор	4.1.1.3.	возвращаться	4.3.1.1.
вверх	3.3.1.3.	воздействие	1.1.1.3.
ведение	3.1.1.3.	воздействовать	1.1.1.3.
век	1.1.1.1.	воззрение	6.1.1.3.
Венгрия	6.1.1.5.	возможность	2.1.1.1.
верфь	4.1.1.1.	возможный	1.1.1.1.
весна	4.3.1.1.	возникать	1.2.1.1.
весной	4.3.1.1.	возникнуть *сов.*	1.2.1.1.
вести	2.2.1.1.	возраст	2.3.1.1.
весь, вся, всё; все	1.2.1.1.	возрастать	4.2.1.3.
вещь	1.1.1.1.	возрасти *сов.*	4.2.1.3.
взаимный	5.1.1.4.	военный	6.1.1.1.

замена 4.2.1.3.
заместитель 6.2.1.1.
занимать 2.2.1.1.
заниматься 5.2.1.1.
занять *сов.* 2.2.1.1.
заняться *сов.* 5.2.1.1.
запад 6.1.1.1.
западный 6.1.1.1.
запас 4.1.1.3.
заработная плата (зарплата) 2.3.1.3.
заседание 5.3.1.3.
затрагивать 6.1.1.3.
затрата 3.1.1.3.
затронуть *сов.* 6.1.1.3.
защита 6.1.1.1.
защитить *сов.* 6.1.1.1.
защищать 6.1.1.1.
заявление 5.3.1.3.
значение 3.1.1.4.
значительный 3.1.1.4.

и др. 5.2.1.1.
идея 6.3.1.1.
избирать 6.3.1.1.
избрать *сов.* 6.3.1.1.
известный 4.1.1.1.
изделие 4.2.1.1.
изменить *сов.* 1.1.1.1.
изменять 1.1.1.1.
имеется 4.1.1.3.
импортировать 4.2.1.1.
интеграция 5.1.1.1.
интересовать 2.2.1.4.
исполнение 3.3.1.3.
исполнительный 6.2.1.4.
использование 2.1.1.4.
использовать 1.1.1.3.
исследование 5.1.1.3.
источник 2.2.1.3.
исходить из 3.1.1.3.
исходный 3.3.1.4.

калийная соль 4.1.1.3.
каменный уголь 4.1.1.1.
капитальное строительство 5.1.1.3.
капитальные вложения (капи-
   таловложения) 3.3.1.3.
качество 2.2.1.1.
   в качестве 4.2.1.3.
ключ 6.3.1.4.
ключевой 6.3.1.4.
количество 2.3.1.1.

контейнерная транспортная
   система 5.2.1.3.
коренным образом 2.1.1.3.
крестьянин 4.1.1.3.
кроме 6.3.1.1.
крупный 3.3.1.1.

лёгкая промышленность 4.1.1.1.
лежать в основе 1.3.1.3.
Лейпцигский 4.3.1.4.
ленинский 3.1.1.4.
лицо 1.3.1.1.
лишь 2.3.1.3.
лучший 3.1.1.4.
любить 6.1.1.4.
любой 1.1.1.1.
люди 1.1.1.1.

машиностроение 4.1.1.1.
медный 4.1.1.3.
медь 4.1.1.3.
меньше 6.3.1.4.
мера 5.2.1.3.
мероприятие 2.1.1.1.
место 6.3.1.4.
местопребывание 6.3.1.4.
месторождение 4.1.1.3.
механика 4.3.1.1.
мир 4.3.1.4.
мирный 2.2.1.4.
мировой 4.3.1.4.
миролюбивый 6.1.1.4.
многосторонний 2.2.1.3.
можно 2.1.1.1.
мочь 5.1.1.1.

наблюдатель 6.2.1.3.
назначать 5.3.1.3.
назначить *сов.* 5.3.1.3.
наилучшим образом 2.1.1.3.
наименьший 3.1.1.3.
найти *сов.* 3.1.1.1.
накопление 3.2.1.3.
наличие 3.2.1.3.
наметить *сов.* 3.3.1.3.
намечать 3.3.1.3.
направить *сов.* 2.1.1.3.
направление 3.3.1.4.
направлять 2.1.1.3.
например 3.3.1.1.
напряжённость 6.1.1.3.
народное хозяйство 1.3.1.1.
народнохозяйственный 3.1.1.1.

нарушение	6.3.1.4.
нарушать	3.2.1.3.
нарушить *сов.*	3.2.1.3.
наряду с	5.1.1.3.
население	5.2.1.1.
наука	1.3.1.1.
научный	5.1.1.1.
находить	3.1.1.1.
начаться с *сов.*	1.3.1.1.
начинаться	1.3.1.1.
независимый	2.3.1.4.
неизбежный	3.2.1.3.
некоторый	5.2.1.3.
нельзя	2.1.1.1.
необходимость	2.1.1.3.
по мере необходимости	6.3.1.3.
необходимый	1.1.1.1.
непосредственный	5.3.1.4.
непрерывный	3.2.1.3.
неразрывный	6.1.1.3.
несмотря на	1.3.1.3.
нести	3.1.1.1.
неуклонный	6.2.1.3.
нефтепровод	4.1.1.1.
нефть	4.1.1.1.
ниже	2.3.1.1.
низкий	2.3.1.1.
носить	3.1.1.1.
оба, обе	1.2.1.1.
обеспечение	2.2.1.3.
обеспечивать	2.3.1.4.
	4.1.1.3.
обеспечить *сов.*	2.3.1.4.
	4.1.1.3.
обзор	6.2.1.3.
обладать	4.1.1.3.
область	1.3.1.1.
облегчение	5.1.1.4.
обмен	1.2.1.1.
обобществление	3.2.1.3.
оборона	4.1.1.1.
оборонительный	6.1.1.4.
обороноспособность	6.1.1.4.
оборот	5.3.1.3.
оборудование	1.1.1.1.
обосновать *сов.*	2.2.1.4.
обосновывать	2.2.1.4.
обработка данных	3.3.1.1.
образец	4.3.1.1.
образовать *сов.*	6.1.1.3.
образовывать	6.1.1.3.
обратить внимание *сов.*	5.1.1.1.
обращать	5.1.1.1.
общегосударственный	3.2.1.4.
общественный	1.1.1.1.
общество	1.1.1.1.
общий	2.1.1.1.
обычно	6.2.1.3.
объединить *сов.*	2.1.1.3.
объединять	2.1.1.3.
объём	3.3.1.3.
объяснить *сов.*	4.3.1.1.
объяснять	4.3.1.1.
обязанность	6.2.1.4.
обязательный	3.3.1.1.
обязательство	5.3.1.1.
овладевать	3.1.1.3.
овладеть *сов.*	3.1.1.3.
огромный	6.3.1.1.
означать	5.2.1.3.
оказать воздействие *сов.*	1.1.1.3.
округ	4.1.1.1.
опасность	6.1.1.4.
опереться *сов.*	2.1.1.3.
опираться	2.1.1.3.
оплата	2.3.1.3.
определение	2.1.1.4.
определённый	1.2.1.3.
определить *сов.*	1.2.1.3.
определять	1.2.1.3.
опыт	1.2.1.1.
Организация Объединённых Наций (ООН)	6.3.1.3.
организовать	3.2.1.4.
орудие труда	1.1.1.3.
осень	4.3.1.1.
осенью	4.3.1.1.
основа	1.1.1.1.
лежать в основе	1.3.1.3.
основать *сов.*	5.3.1.1.
основной	1.1.1.1.
основывать	5.3.1.1.
особенно	1.3.1.1.
оставаться	6.1.1.1.
остальной	6.3.1.1.
остаться *сов.*	6.1.1.1.
осуществить *сов.*	2.2.1.1.
осуществление	3.3.1.4.
осуществлять	2.2.1.1.
ответственность	3.1.1.3.
отвечать	3.1.1.3.
отдельный	1.3.1.1.
отличие	2.1.1.3.
относиться	1.1.1.1.

165

Федеративная Республика
Германии (ФРГ) 6.1.1.3.

ход 2.2.1.4.
ходить 2.2.1.4.
хозяин 1.3.1.3.
хозяйственный 2.1.1.4.
хозяйство 1.3.1.1.
хозяйствование 3.1.1.4.

целевая программа 5.1.1.4.
целое 2.2.1.4.
  в целом 2.2.1.4.
целый 2.2.1.4.
цель 1.1.1.1.
  в целях 2.2.1.4.

частный 1.2.1.3.
часть 3.2.1.1.
чей, чья, чьё, чьи 1.2.1.1.
человек 1.1.1.1.
человеческий 1.1.1.4.

человечество 1.3.1.4.
чем 2.1.1.1.
чем – тем 2.3.1.1.
черта 1.3.1.3.
четверть 5.3.1.3.
чистый 4.1.1.3.
член 1.2.1.1.
чтобы 3.2.1.1.

шаг 5.3.1.3.
штучный груз 5.2.1.3.

эксплуатация 1.2.1.3.
экспортировать 5.2.1.1.
электропередача 5.1.1.4.

явиться *сов.* 1.1.1.1.
явление 5.1.1.1.
являться 1.1.1.1.
ярмарка 4.3.1.4.
ярмарочный 4.3.1.4.

Deutsch-russisches Wörterverzeichnis

Das vorliegende deutsch-russische Wörterverzeichnis enthält die wichtigsten Vokabeln, die in den deutsch-russischen Übersetzungsübungen auftreten. Die Ziffern bezeichnen den Komplex und den jeweiligen Abschnitt, in dem die betreffende lexikalische Einheit erstmalig vorkommt.

Bedarf, Bedürfnis	потребность	1.1.1.3.
nach Bedarf	по мере необходимости	6.3.1.3.
bedeutend	значительный	3.1.1.4.
Bedingung	условие	1.3.1.3.
Bedrohung	угроза	6.1.1.3.
befriedigen	удовлетворить *сов.*, удовлетворять	5.2.1.4.
Befriedigung	удовлетворение	1.1.1.3.
beitragen zu etw.	содействовать чему-л.	5.2.1.3.
	способствовать чему-л.	5.2.1.3.
Beobachter	наблюдатель	6.2.1.3.
Beratung	совещание	6.2.1.1.
berechnen	рассчитать *сов.*, рассчитывать	3.3.1.3.
berücksichtigen	учесть *сов.*, учитывать	3.1.1.4.
Berücksichtigung	учёт	3.1.1.4.
beschäftigen, sich – mit etw.	заняться *сов.* чем-л., заниматься	
	чем-л.	5.2.1.1.
Beschleunigung	ускорение	5.2.1.4.
Beschluß	решение	3.3.1.1.
einen Beschluß fassen	принять *сов.*, принимать решение	5.1.1.1.
bestätigen	утвердить *сов.*, утверждать	3.3.1.1.
bestimmen	определить *сов.*, определять	1.2.1.3.
bestimmt	определённый	1.2.1.3.
betrachten	рассмотреть *сов.*, рассматривать	1.3.1.3.
Betrieb	предприятие	4.2.1.1.
bevorstehend	предстоящий	3.3.1.3.
bewußt	сознательный	2.1.1.4.
Bewußtsein	сознание	2.1.1.3.
Bezahlung	оплата	2.3.1.3.
Beziehung	отношение	1.2.1.3.
Braunkohle	бурый уголь	4.1.1.3.
Brennstoff(e)	топливо	1.1.1.3.
Bundesrepublik Deutschland	Федеративная Республика Германии	
(BRD)	(ФРГ)	6.1.1.3.
Bündnis	союз	6.1.1.1.
Charta der Vereinten Nationen	Устав ООН	6.3.1.1.
Container-Transportsystem	контейнерная транспортная система	5.2.1.3.
darstellen	представить *сов.*, представлять	3.1.1.1.
Daten	данные	3.3.1.3.
deshalb	поэтому	2.2.1.1.
dienen jem.; als etw.	служить кому-л.; чем-л.	1.1.1.1.
Direktive	директива	3.3.1.5.
durchführen	провести *сов.*, проводить	4.3.1.1.
Durchführung	проведение	4.3.1.4.
Durchsetzung = Realisierung		
effektiv	эффективный	3.1.1.5.
Effektivität	эффективность	2.1.1.5.
Eigentum an Produktionsmitteln	собственность на средства произ-	
	водства	1.2.1.3.
Eigentümer	собственник	1.3.1.4.
Einfluß	воздействие	1.1.1.3.
Einfluß ausüben	оказать *сов.*, оказывать воздействие	1.1.1.3.

Einführung	внедрение	3.1.1.3.
einheitlich	единый	3.2.1.4.
Einkommen	доход	3.2.1.3.
Einstellung	прекращение	6.1.1.3.
einstimmig	единогласный	5.3.1.3.
Eintritt	вступление	6.1.1.1.
einzeln	отдельный	1.3.1.1.
eng	тесный	1.2.1.1.
entscheiden	решить *сов.*, решать	1.1.1.1.
entsprechen	отвечать	3.1.1.3.
entstehen	возникнуть *сов.*, возникать	1.2.1.1.
entwickeln (sich)	развить(ся) *сов.*, развивать(ся)	1.1.1.1.
Entwicklung	развитие	1.1.1.1.
Erdöl	нефть	4.1.1.1.
Erdölleitung	нефтепровод	4.1.1.1.
Ereignis	событие	5.1.1.1.
erfolgreich	успешный	4.1.1.1.
Erfordernis = Forderung		
erfordern = fordern		
Erhöhung	повышение	2.1.1.1.
erreichen etw.	достигнуть *сов.*, достигать чего-л.	2.2.1.4.
Erreichen; Errungenschaft	достижение	2.1.1.1.
Erzeugnis	изделие	4.2.1.1.
Exekutivkomitee	Исполнительный комитет (Исполком)	6.2.1.4.
existieren	существовать	1.3.1.3.
Export-	экспортный	5.2.1.5.
Fähigkeit	способность	2.3.1.1.
Festigung	укрепление	4.1.1.3.
Finanz-, finanziell	финансовый	3.1.1.5.
Fonds	фонд	3.1.1.5.
fordern etw.	требовать чего-л.	3.2.1.3.
fordern, daß	требовать, чтобы	3.2.1.3.
Forderung	требование	3.2.1.3.
Fortsetzung	продолжение	3.3.1.4.
friedlich	мирный	2.2.1.4.
Fünfjahrplan	пятилетка	2.2.1.1.
Gasleitung	газопровод	4.2.1.4.
gebrauchen = ausnutzen		
Gefahr	опасность	6.1.1.4.
gegenseitig	взаимный	5.1.1.4.
gegenseitige Hilfe	взаимопомощь	1.2.1.3.
gehören zu etw.	входить во что-л.	4.1.1.3.
	относиться к чему-л.	1.1.1.1.
gemeinsam	совместный	4.2.1.1.
Geschlecht	пол	2.3.1.3.
Gesellschaft	общество	1.1.1.1.
gesellschaftlich	общественный	1.1.1.1.
Gesetz	закон	2.1.1.1.
gewähren	предоставить *сов.*, предоставлять	5.3.1.3.

gewährleisten	обеспечить *сов.*, обеспечивать	2.3.1.4.
Gewährleistung	обеспечение	2.2.1.2.
Gleichberechtigung	равноправие	5.3.1.3.
Grund-	основной	1.1.1.1.
Grundgesetz	основной закон	3.2.3.4.
Grundlage	основа	1.1.1.1.
Gründung = Schaffung		
Güter	блага	1.1.1.3.
Haupt-, hauptsächlich	главный	3.3.1.1.
Hebung = Erhöhung		
Herd	очаг	6.1.1.3.
hoch	высокий	2.3.1.1.
ideologisch	идеологический	6.1.1.5.
Industrie	промышленность	3.2.1.1.
Industrie-, industriell	промышленный	3.1.1.1.
Inlands-, inner	внутренний	2.2.1.3.
Integration	интеграция	5.1.1.1.
interessiert sein an etw.	быть заинтересованным в чём-л.	2.2.1.4.
Interessiertheit	заинтересованность	2.3.1.4.
international	международный	5.1.1.5.
Investbau	капитальное строительство	5.1.1.3.
Investitionsbank	Инвестиционный банк	5.1.1.5.
Investitionen	капитальные вложения (капитало-вложения), инвестиции	3.3.1.3.
Jahres-	годовой	3.3.1.4.
je – desto	чем – тем	2.3.1.1.
Kalisalz	калийная соль	4.1.1.3.
kameradschaftlich	товарищеский	1.2.1.4.
Kampf	борьба	6.1.1.1.
Koexistenz	сосуществование	4.3.1.3.
Komplexprogramm	Комплексная программа	2.1.1.5.
konkret	конкретный	3.1.1.5.
Konsumtion	потребление	1.3.1.3.
kontrollieren	контролировать	3.3.1.4.
Konzentration	концентрация	5.1.1.5.
Koordinierung, Abstimmung	координация, увязка	3.3.1.5; 3.2.1.3.
Kraft	сила	1.1.1.3.
in Kraft treten	вступить *сов.*, вступать в силу	6.3.1.3.
Kriterium	критерий	5.3.1.5.
langfristig	долгосрочный	4.2.1.4.
laufend	текущий	3.3.1.3.
Lebensniveau	жизненный уровень, уровень жизни	2.2.1.1.
leiten etw.	руководить чем-л.	2.1.1.1.
Leitung von etw.	руководство, управление чем-л.	2.1.1.1.; 5.3.1.3.
letzter	последний	4.1.1.1.
Lieferung	поставка	4.1.1.3.
Linie: in erster Linie	в первую очередь	5.1.1.3.

173

lösen	решить *сов.*, решать	1.1.1.1.
Lösung	решение	3.3.1.1.
Maßnahme	мероприятие	2.1.1.1.
Mehrheit	большинство	1.3.1.1.
Menge = Quantität		
Menschheit	человечество	1.3.1.4.
menschlich	человеческий	1.1.1.4.
Merkmal	черта	1.3.1.3.
Militär-, militärisch	военный	6.1.1.1.
Mitglied	член	1.2.1.1.
Mittel	средство	1.1.1.3.
mittelfristig	среднесрочный	5.3.1.4.
Nationalität	национальность	2.3.1.5.
neben	наряду с чем-л.	5.1.1.3.
Nordatlantik-	североатлантический	6.1.1.4.
notwendig	необходимый	1.1.1.1.
Organisation der Vereinten Nationen (UNO)	Организация Объединённых Наций (ООН)	6.3.1.3.
organisch	органический	3.3.1.5.
Parteitag	съезд партии	3.3.1.1.
Partner	партнёр	4.1.1.5.
planmäßig	планомерный	3.1.1.4.
Planung	планирование	3.1.1.4.
Planungs-	плановый	3.1.1.4.
Politische Ökonomie	политическая экономия	2.1.1.5.
Produkt(e)	продукция	2.2.1.1.
Produktion	производство	1.1.1.4.
Produktions-	производственный	1.1.1.4.
Produktionsmittel (Pl.)	средства производства	1.1.1.3.
Produktionsverhältnisse	производственные отношения	1.2.1.3.
Produktionsweise	способ производства	1.3.1.3.
Produktivkraft	производительная сила	1.2.1.3.
Prognostizierung	прогнозирование	3.3.1.5.
Proportionalität	пропорциональность	3.1.1.4.
Qualität	качество	2.2.1.1.
Quantität	количество	2.3.1.1.
Rat für Gegenseitige Wirtschaftshilfe (RGW)	Совет Экономической Взаимопомощи (СЭВ)	2.1.1.1.
realisieren	реализовать	3.2.1.5.
Realisierung	реализация, осуществление	6.3.1.5; 3.3.1.4.
Recht	право	2.1.1.1.
Regierung	правительство	3.3.1.1.
Reihe	ряд	3.2.1.1.
Rentabilität	рентабельность	3.1.1.5.
Reproduktion	воспроизводство	3.2.1.3.
richten	направить *сов.*, направлять	2.1.1.3.
Richtigkeit	правильность	3.3.1.4.
Richtung	направление	3.3.1.4.
Rohstoff(e)	сырьё	4.1.1.3.

schaffen	создать *сов.*, создавать	1.1.1.1.
Schaffung	создание	2.2.1.4.
Seite	сторона	1.1.1.1.
Sicherheit	безопасность	6.1.1.4.
Sicherheitsrat	Совет Безопасности	6.3.1.3.
sichern = gewährleisten		
Sicherung	обеспечение	2.2.1.3.
Spannung	напряжённость	6.1.1.3.
Sphäre	сфера	3.1.1.5.
ständig	постоянный	1.1.1.3.
Staat	государство	2.1.1.1.
Stand, Niveau	уровень	2.2.1.1.
Statut	устав	5.3.1.3.
Steigerung = Erhöhung		
Tagung	сессия	5.1.1.1.
Tätigkeit	деятельность	1.1.1.3.
Teil	часть	3.2.1.1.
Teilnahme an etw.	участие в чём-л.	2.2.1.1.
teilnehmen an etw.	участвовать в чём-л.	2.1.1.1.
Trasse	трасса	4.2.1.5.
Übereinstimmung	соответствие	3.2.1.3.
in Übereinstimmung mit etw.	в соответствии с чем-л.	3.2.1.3.
Übersicht	обзор	6.2.1.3.
Überzeugung	убеждение	6.1.1.3.
Umfang	объём	3.3.1.3.
umfassen	охватить *сов.*, охватывать	3.1.1.3.
unabhängig	независимый	2.3.1.4.
unmittelbar	непосредственный	5.3.1.4.
Untersuchung	исследование	5.1.1.3.
ununterbrochen	непрерывный	3.2.1.3.
verantwortlich sein für etw.	отвечать за что-л.	3.1.1.3.
verändern	изменить *сов.*, изменять	1.1.1.1.
Verbesserung	улучшение	3.1.1.4.
verbinden	связать *сов.*, связывать	1.2.1.1.
Verflechtung	переплетение	5.1.1.3.
Verhältnis Ю Beziehung		
verletzen	нарушить *сов.*, нарушать	3.2.1.3.
verschieden	различный	2.1.1.1.
Verteidigungsfähigkeit	обороноспособность	6.1.1.4.
Verteilung	распределение	1.2.1.3.
Verteilung nach der Leistung	распределение по труду	2.1.1.3.
Vertreter	представитель	4.3.1.3.
Vervollkommnung	совершенствование	2.2.1.3.
verwirklichen	осуществить *сов.*, осуществлять	2.2.1.1.
Volkswirtschaft	народное хозяйство	2.1.1.4.
Volkswirtschafts-, volkswirtschaft- lich	народнохозяйственный	3.1.1.1.
vollständig	полный	2.2.1.1.
Vollversammlung	Генеральная Ассамблея	6.3.1.3.
Volumen = Umfang		

vor allem	прежде всего	3.1.1.3.
vorausgegangen	предыдущий	3.3.1.3.
Voraussetzung	предпосылка	4.2.1.3.
Vorbereitung	подготовка	6.2.1.3.
vorhergehend	предварительный	3.3.1.1.
Vorkommen	месторождение	4.1.1.3.
vorläufig	предварительный	3.3.1.1.
vorsehen	предусмотреть *сов.*, предусматривать	3.1.1.3.
Vorteil	выгода	6.2.1.3.
Vorzug	преимущество	3.1.1.1.
Warschauer Vertrag	Варшавский договор	4.1.1.3.
werden etw.	стать *сов.*, становиться кем-л.	1.3.1.1.
Werktätiger	трудящийся	2.3.1.1.
Wesen	сущность	2.1.1.3.
West-, westlich	западный	6.1.1.1.
Westen	запад	6.1.1.1.
Widerspruch	противоречие	2.2.1.3.
wirken	действовать	2.1.1.3.
Wirtschaft	хозяйство	2.1.1.4.
wirtschaftlich, Wirtschafts-	хозяйственный	2.1.1.4.
Wissenschaft	наука	1.3.1.1.
wissenschaftlich	научный	5.1.1.1.
Wohlstand	благосостояние	2.2.1.3.
Ziel	цель	1.1.1.1.
mit dem Ziel	в целях	2.2.1.4.
Zirkulation	обмен	1.2.1.1.
zuerst	сначала	1.3.1.1.
zugrunde liegen (einer Sache)	лежать в основе чего-л.	1.3.1.3.
Zusammenarbeit	сотрудничество	1.2.1.1.
Zweig	отрасль	1.1.1.1.

Структура Совета Экономической Взаимопомощи

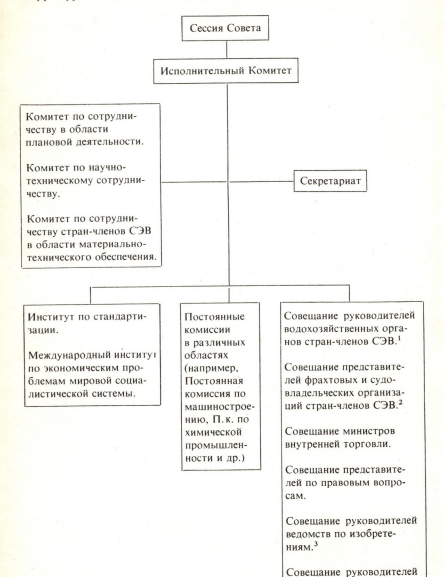

Сессия Совета

Исполнительный Комитет

Комитет по сотрудничеству в области плановой деятельности.

Комитет по научно-техническому сотрудничеству.

Комитет по сотрудничеству стран-членов СЭВ в области материально-технического обеспечения.

Секретариат

Институт по стандартизации.

Международный институт по экономическим проблемам мировой социалистической системы.

Постоянные комиссии в различных областях (например, Постоянная комиссия по машиностроению, П. к. по химической промышленности и др.)

Совещание руководителей водохозяйственных органов стран-членов СЭВ.[1]

Совещание представителей фрахтовых и судовладельческих организаций стран-членов СЭВ.[2]

Совещание министров внутренней торговли.

Совещание представителей по правовым вопросам.

Совещание руководителей ведомств по изобретениям.[3]

Совещание руководителей ведомств цен.[4]

[1] Beratung der Leiter der Organe für Wasserwirtschaft
[2] Beratung der Vertreter der Befrachtungs- und Reedereiorganisationen
[3] Beratung der Leiter der Ämter für Erfindungswesen
[4] Beratung der Leiter der Preisämter